网格管理中的地方政府信息资源集成研究

李世颉 ◎ 著

中国社会科学出版社

图书在版编目（CIP）数据

网格管理中的地方政府信息资源集成研究 / 李世颉著 . —北京：
中国社会科学出版社，2016.10
ISBN 978 - 7 - 5203 - 0051 - 3

Ⅰ. ①网… Ⅱ. ①李… Ⅲ. ①地方政府 - 信息管理 - 研究 -
中国 Ⅳ. ①D625

中国版本图书馆 CIP 数据核字（2017）第 047913 号

出 版 人	赵剑英
责任编辑	任 明
责任校对	石春梅
责任印制	李寡寡

出 版	中国社会科学出版社
社 址	北京鼓楼西大街甲 158 号
邮 编	100720
网 址	http：//www. csspw. cn
发 行 部	010 - 84083685
门 市 部	010 - 84029450
经 销	新华书店及其他书店

印刷装订	北京市兴怀印刷厂
版 次	2016 年 10 月第 1 版
印 次	2016 年 10 月第 1 次印刷

开 本	710 × 1000 1/16
印 张	13
插 页	2
字 数	215 千字
定 价	68.00 元

目　录

第一章

导　论

一　本书的缘起

政府作为国家行使行政权的组织机构，其功能因国家性质不同而有别，也因社会的不断发展与改革而被赋予新的职责。然而，任何政府首要的功能仍然是行政管理职能，我国也是如此。自21世纪以来，伴随着行政管理体制改革的深化，西方发达国家的行政管理职能实现了从"统制"向"治理"、从"管理"向"服务"的转变。胡锦涛总书记在中国共产党第十七次全国代表大会上的报告和温家宝总理在第十一届全国人大一次会议上所作的政府工作报告都对建设服务型政府与行政管理体制改革的目标和任务做了全面、系统和深刻的论述。胡锦涛总书记在中国共产党第十七次全国代表大会上提出的改革目标是：着力转变职能、理顺关系、优化结构、提高效能，形成权责一致、分工合理、决策科学、执行顺畅、监督有力的行政管理体制。《政府工作报告》则以"改革总的原则和要求"的表述对十七大报告提出的改革目标予以了细化和完善。因此，政府行政管理改革是当前我国面临的一项紧迫而重大的课题。

中国的改革开放，为政府管理现代化提供了可能。但从计划经济向市场经济转轨的过程中，体制性障碍和其他诸多方面的影响对政府管理的水平与质量提出了严峻挑战，政府管理过程中暴露出许多的问题，其中较为突出的是下列四个问题。

第一，政府作为单一的管理主体，独掌问题的发现和处置，不利于问题的发现、解决，缺乏有效监督。在现行的行政管理体制中，依据专业或行业划分的政府管理部门独自承担相应领域内发现问题和处置问题的职责，但由于管理对象繁杂、管理区域广泛，使得发现和处置总是处于被动应对的状态，有时只能采用突击、专项运动的方式来集中整治，缺乏持续性。同时，由于发现和处置为同一主体，对发现和处置的效率与质量无法实现有效的监控和评价。

第二，政府部门职责的重迭与交叉大量存在，不利于管理流程的调整和建立量化的考核标准。由于管理对象的分类属性、处置标准、处理流程、业绩考评等环节的内涵和标准不一致，所以政府按专业或行业划分的各个管理部门之间，既存在重复又频现盲区；在管理力量的配置上虽然存在多支队伍，但都执行单一任务，出现了管理、处置队伍总量不少，却都疲于应付的现象，不利于管理流程的调整和建立量化的考核标准。

第三，基础数据的不完整，不利于政府管理现代化的推进。政府管理中用以摸清"家底"的基础数据数字化总量偏低，难以形成定量的分析，对政府管理和公共服务的判断只能停留在定性的、静止的层面。虽然开发了许多应用系统，但缺少具有全局性、能够带动整个管理流程的改造、优化，并以此来突破政府管理和公共服务工作中障碍与瓶颈的信息化应用系统，更缺乏能支持决策过程的数字化指标体系。

第四，政府管理工作机构臃肿、管理人员冗多、运营成本越来越高；加之管理空间划分不合理，致使管理责任难以落实，导致管理方式粗放，管理对象不具体，使政府信息获取滞后、处置被动。

传统的政府管理模式，无论是其管理思想、管理理念，还是管理方式、管理手段，与建设服务型政府的目标存在着很大程度的脱节。在此情势下，政府管理必然要推行一场革命性变革，建立一个全新的管理模式：一是针对政府管理效率不高、水平低下的情况，需要解决管理方式和管理手段落后的问题；二是针对信息获取滞后和逐步衰退的情况，需要解决信息快速采集和传递方式的问题；三是针对管理责任不落实、管理方式粗放的弊端，需要解决管理空间定位量化的问题；四是针对政出多门、推诿扯皮、分散指挥、效率低下的弊端，需要解决统一管理平台、统一管理体制、整合管理职能、规范管理流程的问题；五是针对管理对象不具体、底数不清的情况，需要解决管理对象数字化和数据完整清晰的问题。而所有这些问题的解决，都离不开体制创新和信息技术的应用。

网格是近年来国际上兴起的一种重要信息技术。它是高性能计算机、数据源、互联网三种技术的有机组合和发展。综观近代科技发展史，从蒸汽机、发电机、电话到计算机，每一次根本性的变革总是伴随着依赖相关产品而形成的网格。例如，电的发明唯有经过电网的架设，才能照亮千家万户（电力网格）；汽车等交通工具的发明只有经过公路、铁路等交通网的全面建设，才能投入使用（交通网格）。而当互联网上所有的资源实现全面连通时，也会像电力网、电话网和交通网一样实现资源共享，形成高效应用的网格，从而推动人类生产、生活方式变革。

政府网格化管理是将网格化管理的思想应用于政府管理，依据"各司其职、优势互补、规范运作、快速反应"的原则，按照政府流程再造的要求，将政府辖区各网格内的社会管理与公共服务部门的工作内容予以整合，并以制度的形式固定下来，组成新的政府管理体系，以提高政府的管理水平和效率。

网格化管理应用到政府管理的具体实践，形成了政府网格化管理模式。20世纪末，改善政府管理成为一项引起国际社会关注的全球运动。政府网格化管理是在不改变现有行政体制的基础上，按政府管理业务的过程重组业务的流程，在信息技术的支撑下从政府管理结构、功能、运行机制等方面进行重新设计，形成业务导向驱动的条块整合模式，为政府职能转变、建设服务型政府奠定基础，具有现实性和可操作性。

从实践来看，网格化管理能够很好地将信息技术与政府管理相结合，通过一个平台，实现了管理资源的一体化联动，具有主动发现、及时解决、定量分析、综合评价的功能，是推动政府管理模式创新的有效途径。网格化管理模式应用的最大绩效，就是通过网格理念和技术的引进，使政府管理超越了传统管理模式，实现了以下三个管理目的。一是使政府管理中的责任机制获得有形载体的支撑，提升了管理效率；二是通过技术手段打破了条块责任分割，缓和了体制矛盾；三是运用信息化的流程设计，促进了政府职能转变，构筑了面向公众服务的新格局。

网格化管理是一种新的资源整合方式和组织模式，作为现代一种新型的管理模式，网格化强调责任与协调的统一，即每个成员都必须为客户需求的全过程负责，同时通过网格资源的共享得到协调与协同，以求获得最高质量的服务。作为一种新型的电子政务组织模式，网格化管理强调：从管理和服务的需求来看，以客户为导向，面向全流程；从管理和服务的提供者来看，实现资源整合，达到工作协同。

由此可见，信息资源的整合和共享是构建网格化管理模式的前提与基础，网格化管理模式下的信息资源集成需要解决以下问题。

第一，网格中的组织职能需要通过集成来理顺和调整。一部分资源整合需要通过组织职能的理顺和调整来进行。例如，小区事务受理中心和各相关职能部门的关系需要在以客户为导向的前提下进行职能的理顺与调整，如在救助与人口管理方面需要理顺民政、劳动和公安等部门的职能等。

第二，网格中的业务流程需要通过集成来梳理与再造。例如，社会救助有一套上下承接的制度，却没有一套上下承接的流程，需要在梳理现有流程的基础上进行流程再造。

第三，网格中的信息需要通过集成实现共享。需要建立统一的资源共享平台，综合服务对象的各种属性信息并充分共享。例如，城建、旅游、绿化等部门需要共享地理空间方面的信息，公安、民政、劳动等部门需要共享自然人基本信息等。

目前对于政府信息资源集成管理，国内外都有着广泛的研究，为我国政府信息资源建设提供了大量理论依据和实践指导。然而对于政府网格化管理这一新兴管理模式，其研究尚处于探索阶段。而政府信息资源集成如何贯穿于整个政府网格化管理流程，只有个别文章简单涉及，尚未构建出成熟的理论和方案。

本书将从多角度、多视野对这些问题予以探讨，依据信息资源集成理论，对政府网格化管理中如何实现政府信息资源的集成进行探索研究，从而使得政府信息资源建设能有效地改善，提高行政管理绩效，实现服务型政府的目标。

二　相关概念的厘定

任何一种理论都有其核心的分析对象与基本概念，正如赫伯特·西蒙认为的那样："在一门学科能够创立原则之前，首先必须具备某些概念。"[①] 地方治理理论也是如此，它是建立在对地方政府这一概念的严格界定基础之上的，与治理理论和善治理念有着密切联系，同时又不同于地方政府治理。只有厘清了这些基本概念，才能对地方治理理论有全面的把握。先进理念和管理方法，近 20 年来层出不穷，而且研究与应用也越来越广泛。同时，各个理论之间继承与交叉的关系，融合与替代的现象也比

---

① ［美］西蒙：《行政行为》，麦克米兰出版社 1957 年版，第 37 页。

比皆是。所以，下面所列举的信息资源管理理论和重要概念的定义只是从大背景的角度选取了具有代表性的理论与观点进行阐述。

（一）　地方政府

在不同的政治制度和国家结构下，地方政府具有不同的内涵。在单一制的英国，地方政府是指那些对所在地域进行直接治理的政府，即指基层政府；在联邦制的美国，它既包括联邦成员单位的分支机构县、市、乡、镇，也包括学区、特别区等特殊目的政府；在中国，它是中央政府的对称。

《国际社会科学百科全书》（*Interhational Ency - elopedxa of Soeial Seienees*）① 所指的地方政府是基层政府，即"地方政府大致可定义为，在全国政府或地区政府的一小块领土上，拥有决定和管理有限范围公共政策的一种公共组织。在金字塔式的政府结构中，地方政府处于最低层，顶端是全国政府，中间政府（州、地区、省）占据中间一层"。据此，地方政府是与全国政府、中间政府相对而言的最低层政府。

《新时代百科全书》② 把"地方政府"作为与"城市政府"相区别的词语，分列两个词条，强调"地方政府"一词包括城市政府以外的地方行政单位和州（省）。据此，地方政府包括除全国政府以外的所有层级的政府。而"城市政府"则作为一种特殊的"地方政府"被专门加以讨论。

《美国百科全书》（*Encyclopedia Americana*）③ 认为，"地方政府，在单一制国家，是中央政府的分支机构；在联邦制国家，是联邦成员政府的分支机构"。据此，联邦制国家的成员政府（如美国的州）不属于地方政府的范围。美国的公共管理学著作普遍持这种观点。在美国学者看来，所有的地方政府都有一个宪法上规定的地位，它们是"州政府的创造物"。归结起来，美国的地方政府可以定义为：为满足不同利益群体的共同需求而产生、履行各种不同类型的服务、为数众多的地方单位。

《布莱克维尤政治学百科全书》认为，地方政府是"权力或管辖范围被限定在国家的一部分地区内的一种政治机构，经过长期的历史发展，在

① 迈克尔·曼编，袁亚愚译，四川人民出版社1989年版。
② 李白英总编，童年出版社1936年版。
③ 东方出版中心1998年版。

一国政治机构中处于隶属地位，具有地方参与权、税收权和诸多责任"。

法国的《拉鲁斯百科全书》没有"地方政府"这一词条，只有"领土行政单位"这一词条。在这一词条下，作者认为："领土行政单位这一术语，既适用于单一制国家的地方行政单位，也适用于联邦制国家内拥有主权的州。"显然，该词条的作者，并不认为联邦国家的成员单位州与单一制国家的地方行政单位有何区别，两者都是"领土行政单位"。

中国学者在"地方政府"这一术语所指的范围上，存在着类似的歧见。

《辞海》认为，"地方政府是中央政府的对称，是设置在地方各级行政区域内负责行政工作的国家机关"。在这里，它一方面把地方政府定义为地方国家行政机关，另一方面则把除中央政府以外的所有政府都归于地方政府。

丘晓等主编的《政治学辞典》对此则有不同看法，在解释"地方政府"一词时，明确指出："在联邦制国家，构成联邦的各成员国或州（邦）政府都不是地方政府。如美国，其地方政府是指州政府以下的各级政府。"

《中外政治制度大辞典》认为："地方政府有广义与狭义两种解释。广义的地方政府是中央政府的对称。从这个意义上讲，除中央政府以外的各级政府都称为地方政府。狭义的地方政府则是指直接治理一个地域及其居民的一级政府，即基层政府。与之相对应的则是在中央政府与地方政府之间的中间政府，也有称之为区域政府的。"

徐勇、高秉雄在其主编的《地方政府学》一书中结合中外政治制度的具体安排重新定义了地方政府。他们认为，地方政府是中央政府为治理国家一部分地域或部分地域某些社会事务而设置的政府单位。此外，该书还对其组成单位作了重新说明，认为地方政府的组成仅限于地方权力（议决或立法）机关与地方权力执行机关（行政机关），其他任何机关如司法机关不属于地方政府。

归结中外学者们的不同见解，对"地方政府"这一术语所指的范围，实际上可分为三种情况：第一种见解认为，地方政府仅指我们通常所说的基层政府；第二种见解认为，地方政府包括单一制国家中除中央政府外的其他各级政府，但不包括联邦制国家的成员政府；第三种见解认为，联邦成员政府也属地方政府范围。除此以外，不同的认识还表现在地方政府是否即指地方行政机关或地方权力（议决或立法）机关与地方权力执行机关（行政机关），领土行政单位与地方行政单位是否有区别。在对中外学者们有关"地方政府"的不同见解进行梳理的基础上，我们认为，地方政府是中央政府为治理国家一部分地域或部分地域某些社会事务而设置的政府单位，具有权力的非主权性、治理的局部性、管辖的有限性等一些特征。我们在这里使用的地方政府概念是指"大政府"，即广义的政府概念，是由一切国家机关构成的整个政权，不仅包括了我们通常所说的狭义的行政机关，更包括了与之相对应的立法机关、司法机关等。这是由我国历史传统和政治体制所决定的。从历史上来看，我国长期封建历史传统中政府职能并没有明确的分工，几乎所有的政府职能都是杂糅在一起的，政府统揽了所有的国家事务，"大政府"在我国有着深厚的历史根基。从现实上来看，依据 2006 年颁布实施的《中华人民共和国公务员法》，"公务员是指依法履行国家公职、纳入国家行政编制、由国家财政负担工资福利的工作人员"，这不仅包括了行政机关的工作人员，还包括了党、政协机关等其他机构的工作人员。从逻辑上讲，这类机关都应当被纳入到广义政府的范畴中来。基于"大政府"概念基础之上的政府规模和政府结构，相对于狭义政府来讲，其在涵盖范围、内在特征和外在表现上都具有一定的复杂性。

（二）信息资源与政府信息资源集成

1. 信息资源

物质、能量、信息是构成现实世界的三大要素。美国哈佛大学的研究小组提出了著名的资源三角形。信息是普遍存在的，但并非所有的信息都是资源。只有满足一定条件的信息才能构成资源。但是，认识到信息是一种独立的资源还是 20 世纪 80 年代以来的事情。信息是资源的观点，从实践方面看，首先起源于日本。第二次世界大战结束后，为了迅速振兴经济，日本政府制定了"技术立国"的政策，把引进国外先进技术、振兴日本工业确立为基本国策。这一政策实施的成功，加之日本人始终具有"国土狭小、自然资源匮乏"的忧患意识，使得他们把技术和技术信息的开发及利用迅速推广到经济、社会信息的开发与利用，从而逐步确立了信息资源论的基础。在企业管理中信息资源是企业生产及管理过程中所涉及的一切文件、数据、图表和数据等信息的总称。它涉及企业生产和经营活动过程中所产生、获取、处理、存储、传输和使用的一切信息资源，贯穿于企业管理的全过程。先将几种有代表性的信息资源定义举例如下。

（1）N. M. 达菲（N. M. Duffy）和 M. G. 阿萨德（M. G. Assad）认为"信息资源（Information Resources）是指组织或其中的某一部门内的信息流或数据流以及与开发、操作和维护这些信息流或数据流有关的人员、硬件、软件和步骤"，"它可以包括各种各样的技术，诸如计算机、文字处理、缩微胶片、记录管理、组织和方法研究、内部和外部通信系统、打字、建文件、打印和复制"。

（2）W. R. 辛若特（W. R. Sinopt）和 W. H. 格鲁伯（W. H. Gurber）认为信息资源是指"数据处理的质量和数量"，"它为从过去的计算机定位转向 80 年代的信息定位带来机遇"。

（3）瑟姆·比思（C. M. Beith）认为"'信息资源'这个术语是指在完成工作过程中使用的聚集体（Aggregation）或要素（Elements），包括研究数据、连续出版物、图书、报告、磁带、消息以及和同事的交谈"。

（4）R. S. 泰勒（R. S. Tayor）将信息资源定义为存储、处理、分析、包装和提供信息（Message，即信息内容）的服务、技术、系统以及相关技术，并将正式信息资源分为四类，即数据处理、办公信息资源（主要是记录管理）、信息中心与图书馆、知识中心（如市场部、规划部、法律部），它们经常向最高层经理提供经过评价的知识。

（5）美国管理与预算局（OMB）将信息资源定义为政府信息和信息技术。

（6）C. 西瓦尔兹（C. Schwarz）和 P. 赫龙（P. Huron）认为："信息资源是指在其整个生命周期中需要管理的印刷型和非印刷型资源，包括记录本身。"广义地说，它包括"信息和记录"。

（7）D. 胡辛（D. Husin）和 K. M. 胡辛（K. M. Haisn）认为信息资源就是"计算机资源"，它包括"中央处理器、软件、外围设备和数据（技术）"。

（8）布尔·里克斯（B. R. Ricks）和高卡福（K. F. Gao）认为："信息资源包括所有的与创造、手机、存储、检索、分配、利用、维护和控制信息有关的系统和程序、人员与组织结构、设备、用品和设施"，而信息即"记录，是指所有的图书、文件、照片、地图或其他的文献资料"，"文献数据包括各种形式的函件、信件、备忘录、指令和报告，内生和外生的表格、图纸、地图、说明书、照片和创作资料"。

（9）D. A. 马尔香（D. A. Marchend）和 F. W. 霍顿（F. W. Horton）认为："信息资源是指拥有信息技能的个人；信息技术硬件和软件；诸如图书馆、计算中心、通信中心和信息中心之类的设施；信息加工和信息处理原料供货商。"与此相对的是他还给出了信息资源的定义，认为它是指"公司的正式资料、文件和文献储备，它拥有的以像专利权和版权之类的知识产权和以个人专业知识形式存在的经营秘密；它拥有的有关竞争者及其经营环境和政治、经济、社会环境的经营情报"。

（10）F. W. 霍顿（F. W. Horton）认为，信息资源一词具有两种含义，当"资源用单数时，信息资源是指信息本身，即其内容。例如，档案、报告或记录中的信息并不是指物理文献或格式本身。在信息产品或信息服务中的信息也是如此，如出版物"。这时，信息资源与信息资产是同义词。"当资源用复数时，信息资源是指所有的工具——设备、用品、物理设施、人员和其他的企业用于处理信息的资源。此外，资本和经营投资与支出也包括在上述支持性资源之中。"

（11）山田进（山田進）认为，信息资源就是"数据资源"，而数据资源即数据本身，"是为了适合由人或自动工具进行通信、解释或处理的事实、概念或指令的表现"。

（12）乌家培认为："对信息资源有两种理解。一种是狭义的理解，即仅指信息内容本身。另一种是广义的理解，指的是除信息内容本身外，还包括与其紧密联系的信息设备、信息人员、信息系统、信息网络等。狭义的信息资源实际上包括信息载体，因为信息内容不可能离开载体而存在。广义的信息资源并非没有边际地无限扩张。凡与信息的生产、分配、交换（流通）、消费过程即信息周转过程相脱离的信息设备等，就不属于信息资源，凡与信息周转过程有关的非信息设施等，也不属于信息资源。"

（13）马费成和杨列勋认为："信息资源是信息和它的生产者及信息技术的集合，信息资源由三部分组成：信息生产者、信息和信息技术。我们把这三者分别称为信息资源的元资源、本资源和表资源。"

（14）潘大连和黄巍认为："信息资源有两种具体概念。狭义的信息资源主要是指信息内容本身，而广义的信息资源则既包括信息本身，又包括有关提供信息的设备、设施、组织、人员和资金等其他资源。"

（15）岳剑波认为：“狭义的信息资源概念是指信息本身，即对决策有用的、加工处理好的数据；广义的信息资源概念则涉及信息生产流通、分配、使用全过程的所有要素，包括生产信息的原料—有待加工处理的数据，处理信息的工具—计算机硬件及其他设备，控制信息过程的人员—信息专业人员，如系统分析人、程序编制人员、信息管理人员和信息服务人员等等。”

（16）孟广均等认为：“信息资源从本质上说是一种附加了人类劳动的信息，凡未被个人所开发和组织从而能够为个人和他人所利用的信息都不属于信息资源……换言之，信息资源是人通过一系列认知和创造过程之后以符号形式存储在一定载体（包括人的大脑）上可供利用的全部信息。”

（17）霍国庆认为：“信息资源也就是可以利用的信息的集合……换言之，信息资源是经过人类开发与组织的信息的集合。”

（18）C. F. 伯克（C. F. Burke）认为：“信息资源就是信息储备和在组织机构内部的或可为其利用的信息处理工具。”

以上定义反映了目前国内外学术界对信息资源概念的理解存在一致性的一面，也存在着差异性的一面。从最广泛的意义上讲，信息资源是人类活动的信息要素，但通常人们所说的信息资源是指人类信息活动的要素。对于这一定义，应该从以下几个方面来理解。

第一，信息资源是相对于主体人而言的，因而在不同的历史时期，它的外延有所不同，这是因为人类的认识（个人）和实践活动是不断深入的。

第二，信息活动具有广泛的含义，既可以指个体的信息活动，也可以指群体或组织的信息活动；既可以指专业性信息工作，也可以指非专业的信息工作。

第三，信息要素的活动具有历史含义，即在不同的历史时期，要素的内容有所不同。但信息是一个在任何时期都必不可少的要素，而资金、技术、方法、设施、设备等则随着时间的变化而变化。因此信息是信息资源中的核心部分，而其他要素则是支持部分。正因为如此，有些人就把信息资源理解为信息本身。

第四，从发挥的作用来看，信息活动的要素有些是潜在的，有些是现实的，信息要素尤其如此。这是造成人们对信息资源概念理解和应用混乱的重要原因。

第五，从状态上看，信息要素有的是天然状态，就是说它是在现有的技术经济条件下，人类可以利用的信息（劳动对象），但尚未注入人类的信息劳动而被组织起来。这类信息广泛存在于人类社会和自然界，比如还没有从市场、气候中剥离出来的市场信息、天气信息。信息要素也可以呈人工状态，它就是经过人类加工、组织好的、有确定用途的信息集合。与前者（它只有动态形式）相比，这类信息集合既有动态形式（如保存在人的大脑中），也有静态形式（记录在各种载体上）。人工信息在人类活动中发挥的作用越来越大，因此也有人认为它就是真正的信息资源。从资源的本义上看，这种理解似乎有点狭隘。不过如果人工信息为一个组织所有，那么称其为"资产"比叫"资源"更为贴切。

第六，信息活动的要素可以通过附加限制条件来缩小其范围，从而得出适用于不同用途的信息资源定义。也就是说，许多有关信息资源的定义在一定条件下是可以相互转换的。

最后还需说明的是，目前甚至今后相当长时期里，要获得一个完全通用的信息资源定义也许是不可能的。因此我们不可片面追求概念或术语的准确性，而应该从实际应用出发，根据使用的需要来定义信息资源，限定它的内涵和使用范围。

关于信息资源的内涵，学术界已进行了多层面探讨，但众说纷纭，至今尚未形成一种共识。但是随着信息资源管理理论和实践的不断发展和深入，对这一问题的研究已取得了一些有益的进展。目前人们给出的信息资源定义可以从宏观上划分为广义和狭义两种。广义的信息资源包括人类信息活动中的所有投入要素，作为具体的研究对象，为方便起见，我们更倾向于从狭义上来把握。从狭义上看，有人认为信息资源等价于印刷型信息，有人认为信息资源等价于文献信息，有人认为信息资源等价于数据信息，也有人认为信息资源等价于经济信息。实质上，无论印刷型信息、文献信息、数据信息抑或经济信息，它们都属于记录型信息，是多媒介信息的集合；当今所见的电子信息，如计算机存储、光盘存储或依靠通信网络传输的信息，虽然是虚拟之物，但其记录的内容客观存在却是事实，这是一种新型的记录信息；即使是关于各类信息活动要素（信息技术、设备、设施、信息生产者等）的信息，同样也离不开记录这一手段，实际上也是经过加工处理有序化并大量积累起来的各种有用信息的集合。

　　尽管我们对于信息资源不能给出一个十分准确的定义，但是可以这样认为，信息资源，即能够通过各种信息媒介和管道的传播，可以直接转化为社会生产力的基本要素，对社会生产方式和生活方式产生直接或间接影响的各类信息。这一定义，蕴含了信息资源的基本特征。

　　其一，具有开发、利用和价值转化性。与一般物质资源相比，信息资源是一种具有开发、利用和价值转化性的资源。信息资源首先对作为社会主体的人产生直接影响，通过人对信息资源的理解、消化、运用，提高人自身的素质，甚至改变某种传统与习惯，从而有利于启发人的主观能动性，并转化为现实生产力的要素或变革生产方式及生活方式的动力。而一般物质资源，比如矿山、河流、气候、土地等，则不具有这种对人的主体作用产生直接影响作用的功能。信息资源的这种特性，要求人们必须以战略眼光认识信息资源，自觉地运用信息资源，立足有利于经济社会战略性发展的高度，积极促进信息资源的开发与转化。

　　其二，可传播性。信息资源借助于各类媒介，比如网络、电视、电话、印刷品、声像、电子信息、数据库等，可以广泛向社会传播，从而经常地、深入地影响社会，对社会成员产生潜移默化的作用。正是在这种传播过程中，信息资源的价值得以实现。信息资源不断传播的过程，也就是其价值不断得到实现的过程。信息资源的可传播性，要求人们必须高度重视信息传播管道的开拓与畅通。信息传播管道建设，是现代经济社会发展的重要组成部分。在经济发达国家，信息传播经济占有愈益突出的位置，甚至已经成为国民经济的支柱产业，成为新经济的一个重要增长点。这一点，十分值得我们这样的发展中大国所借鉴。

　　其三，可增长性。信息资源是人的智能与才能的结晶，是无形资产，因而具有可增长性，信息资源是在不断地开发利用过程中不断地丰富、增长的过程，取之不尽，用之不竭。而一般的物质资源，比如矿产资源，只能是越开发利用，资源越少，有些稀缺资源甚至会枯竭。信息资源的可增长性，要求人们不仅要注重信息资源的利用，而且要注重信息资源的研制与开发。在现代信息化社会，对信息资源研制与开发的力度和水平，成为社会生产力发展的一个突出标志，甚至成为衡量社会进步的一个重要尺度。事实上，人们正是在不断地开发、利用信息资源的过程中不断地提升自己认识世界与改造世界的能力。信息量的不断增加，信息水平的不断提高，不仅是推动社会发展的强大动力，而且是引领社会进步的"火车头"。

其四，综合性。信息资源不仅是社会生产力的反映，而且任何一类信息资源，几乎都不是孤零零存在的，而是与其他类信息资源密切联系的。由一种信息源引发生成另一种信息源，这是信息资源发展中的一种普遍现象。尤其是在现代社会，科技发展正在呈现出一种"大科学"趋势，自然科学各门类之间相互交融，自然科学与人文科学、社会科学之间相互影响和交融，人们观察世界、分析问题的视角，不仅注重技术层面，而且更加注重社会及人文层面，由此及彼，举一反三。这是现代人类对客观世界的认识愈益深入的必然结果。信息资源的综合性，要求人们不仅要注重自然科学信息资源的开发与利用，而且要注重社会科学、人文科学信息资源的开发与利用，善于在各类信息资源的相互影响和渗透中发现、挖掘信息资源的巨大社会价值。

信息资源，作为一种具有特殊内涵和特殊配置形式的社会资源，广泛存在于经济、社会各个领域和部门，其重要作用正在与日俱增。信息资源是现代社会生产力的基本要素，对社会生产方式的变革和人们生活方式的提升也产生着不可估量的影响和促进作用。同时在现代社会，信息资源的内涵正在不断拓宽，不仅包括日益增多的自然科学方面的信息资源，而且包括与时俱进的社会科学方面的信息资源。随着社会的不断发展，信息资源对国家和民族的发展，对人们的工作、生活至关重要，已成为国民经济和社会发展的重要战略资源。信息资源能否得到高度重视和利用，是决定一个国家综合国力能否增长的一个重要因素，也是体现一个国家现代化程度的一个重要标志。

2. 信息资源的类型

信息资源的类型划分没有固定的标准，主要取决于人们分析问题的不同需要，可以根据不同需要从多个角度来进行划分。

（1）从信息资源周期管理的角度划分。

一是根据信息的来源不同，信息资源可以分为两大类：

第一类是内部产生的信息资源，即政府、事业单位、团体、企业或公司等组织的内部人员在工作中撰写、编辑的信息，形成的文档、课件，拍摄的图片、画面，制作的窗体、数据、节目片段，录制的影音作品、课程资源，形成的医疗报告数据，设计开发的软件，制定的规章制度等。

第二类是外部产生的信息资源，即从组织外部获取的、符合组织业务和发展需要的信息资源，如各种文本的图书、期刊、报纸、参考数据、科技知识资源、科研论文资源，各种数据库、节目素材、成品节目，以及互联网资源等。例如，广播电视节目的外部来源可以是购买、联合录制拍摄、协议引进、战略伙伴合作等；学校的教学参考资源也是来自购买、协议引进、联合制作、互借使用等。

对来自组织内部和外部的信息资源，为了实施周期管理需要采取的管理办法和措施显然是不同的，所带来的管理活动也不相同。对于内部信息资源的管理起点必须从数据资源的描述和资源目录工作开始。为实现有效的动态管理，就要有长远规划。而对于来自外部的信息资源，则侧重于与内部信息资源的有效整合，便于使用和长效、动态地存储与查询等。

二是根据信息的生产领域不同，信息资源可以分为四大类：

第一类是政府组织信息资源，指政府拥有的信息资源，包括由政府部门生产的信息和政府收集的信息。前者主要指在政府办公业务中产生的记录、数据、文件等，后者主要指政府组织根据需要从外部采集的信息、数据等。

第二类是公益机构信息资源，指进入公共流通领域，由公益机构管理和向公众提供的教育、科研、文化、娱乐、生活等领域的信息资源。

第三类是中介团体信息资源，指社会中介团体拥有的信息资源，包括由中介团体生产的信息和中介团体收集的信息。前者主要指在中介服务业务中产生的记录、数据、报告、文件等，后者主要指中介团体根据需要从外部采集的信息、数据等。

第四类是企业信息资源，指企业拥有的信息资源，包括由企业生产的信息和企业收集的信息。前者主要指企业在各种业务活动中产生的记录、数据、报告、窗体等，后者主要指企业根据需要从外部采集的信息、数据等。

信息资源不同生产领域的划分能大概得出不同信息资源的分布情况及信息资源的大致流向，如公益机构的信息资源种类最多，外部引进的资源可以来自政府组织和中介团体，还可以来自企业。而不同的企业，会根据自身业务的需要有偏重地从其他三种领域引进需要的资源，如广告公司需要的大部分的外部资源主要集中在公益机构提供的信息资源。

（2）从信息资源整合共享的角度划分。

随着信息资源周期管理过程的推进，信息海量增加的同时，也出现了

"信息孤岛"问题。为了改变这种状况，使与信息内容相关的人、部门或行业能及时更新和使用这些内容，就必须通过整合相关资源，建立一种跨平台、跨部门，甚至是跨行业的，防止"信息孤岛"现象的内容管理系统或平台。有人根据信息表示内容的不同和信息提供与需求的不同，将信息资源的类型主要分为以下五大类。

第一类是新闻信息资源。主要是新闻媒体在全天不间断地时事报道过程中产生的新闻时事信息。主要是反映社会当前发展情况的内容，具有很强的新闻性、时效性、舆论导向性，尤其是对某些时事的深度报道和评论，对党和国家的方针和政策的宣传与报道，都能引起社会的广泛关注，形成舆论导向的力量，促进或阻挡某事物的发展，进而影响社会生活的各个方面。在我国，对于新闻信息资源的审查与编导都是由国务院新闻办公室主管的，对于气候、地理、环境、生态等变化的报道资源也是经专门的检测管理部门负责提供的。

第二类是科普传承资源。主要是期刊、杂志、图书与音像出版单位、数字图书馆、广播影视机构及媒体网站等出版和发行的科技、文化、学术等知识资源，其产品主要是数据库、光盘、软件系统、网站等，资源的总量巨大。科普传承资源主要反映现代科技发展和民族历史文化积淀水平，以及民族的精神风貌等，具有科学性、公益性、历史性和传承性等特点，社会影响功能强且深远。科普传承资源的采集、整理和发行都需要经过专门的公共管理部门审批和许可，通过专业的发行单位或媒体集团公开发行，还必须标注相关的创作者、发明者等，并支付相应的报酬。

第三类是娱乐互动资源。主要是广播影视机构、媒体网站和移动媒体运营机构制作、发行和播放的各种广播影视剧目、综艺节目、音乐、体育、时尚、休闲、消费等娱乐节目产品。主要涉及反映社会文化发展水平和人们精神文化追求及民族健康人格的内容，具有流行性、娱乐性和多样性等特点，社会影响力极大，能深入到各家各户。娱乐互动资源的采集、整理等都要经过相关管理部门的审批与许可，通过专业媒体机构和媒体网站公开传播，同样必须公布创作者，并支付相应的报酬。

第四类是学习体验资源。主要是教学图书出版单位、音像出版单位、广播影视机构、医疗服务机构及专业的媒体网站等出版、发行、传播的教育教学、学习体验和医疗保健等信息资源。产品主要是数据库、光盘、软件系统、网站等，包含反映科技进展、学术文化知识传承、文化活动交流、各种技能培养和普及健康知识等方面的内容，具有科学、系统、广博和体验性等特点，社会影响广泛且深远。学习体验资源的采集、整理和发行同样要经过相关管理部门审核与批准，通过专业的出版发行和传播机构公开传播，并标注相关的创作者，支付相应的报酬等。

第五类是商业广告资源。主要是商务公司、广告经营单位等，利用报刊、广播影视、手机媒体及网站等传播管道所刊发或传播的各种商业信息、消费信息和广告内容等。产品主要是数据库、光盘、软件系统网站等，提供人们所需的各种商务信息服务，方便人们交易资金的快速、安全流动和满足人们消费导向需求。内容包含反映经济活动领域在虚拟的网络和数字时代所产生的各种商机信息和宣传资源，具有时效性、营利性、导向性和服务性等特点，社会影响大且面广。商业广告资源的采集和发布同样需要专门的管理部门审批和许可，通过专门的媒体传播机构登载传播，还必须接受管理机构的严格检查和监督。

对于信息资源的五种粗粒度的区分，不仅能大致集中信息需求相似的客户群体，还能汇集提供大体一致的信息产品和服务的生产群体，为实现信息资源有效整合和按需共享提供了可行的选择。

（3）从信息资源开发利用的角度划分。

从信息资源开发利用的角度，对于信息资源的类型又可以有不同的划分，体现在以下五个维度：信息开发的程度、信息开放的程度、信息开发的目的、信息的增值情况、信息的产品形态。

一是按信息开发的程度划分，信息资源可分为零次信息资源、一次信息资源、二次信息资源、三次信息资源。

零次信息资源是指在信息流动过程中未经加工和组织的信息资源，如一些原始数据、拍摄的场景、活动的情景等。

一次信息资源是指以零次信息资源为基础对自然状态和社会表象的信息及大脑存储的信息进行粗加工，经过各种方式表达的信息资源，如初次统计表、课件、新闻、拍摄的图片、录制的谈话、摄制的影像片段、数据汇编等。

二次信息资源是指在一次信息资源基础上进行加工整理和提炼压缩所得到的产物，如对一次信息进行编目、做摘要，或者组稿、深度报道，制作的游戏、影视动画和综合频道节目合成的多媒体课件、分类广告等。

三次信息资源是用一定的方法对大量的信息资源进行智能化存储、序化、再加工，产生的系统化平台式成果，如建立新闻信息数据库、节目资源数据库、课程资源库、医疗信息库信息搜索平台、商务交易平台等。

二是按信息开放的程度不同，信息资源包括公开性信息资源、机构内公开信息资源、机构内非公开信息资源。

公开性信息资源是向全体社会成员公开传播的信息资源。传播管道包括报纸、杂志等纸质媒体和广播、电视、互联网、手机等电子媒体。只要支付少量的成本费用，使用者就能接受一切社会公开的信息。

机构内公开信息资源是指在一定组织、范围和群体中公开传播的信息资源，如内部网络上的部门通知、档、规章、统计公报、日常事务管理和活动信息等。一般来说，非该机构内部成员不必要了解此类信息。

机构内非公开信息资源是指在具有排外性质的、事关机构核心竞争力和发展命脉的战略性资源，如公司商业秘密、饮食配方、企业核心技术、机构研发项目、公司战略规划等，需要专门妥善管理。

三是按信息开发的目的不同，信息资源主要包括商业性信息资源、公益性信息资源、保密性信息资源。

商业性信息资源是由商业机构、中介机构或其他机构等，以市场化方式收集和生产的各种信息资源，其目的是要营利，如咨询公司的咨询报告、中介公司的服务信息等。

公益性信息资源与商业性信息资源的根本区别是不以营利为目的而生产和收集的，在公共流通领域向公众开放的信息，如教育、医疗发展信息、生活气象信息、交通信息、公益广告等。

保密性信息资源则是出于保密的目的而收集、生产的信息，因为某种原因不能公开，或在一定的时限内不予公开，如国防机密、个人隐私、保密期内的关键技术、专利成果等。

四是按信息的增值情况不同，信息资源分为基础性信息资源和增值性信息资源。

基础性信息资源是指在机构业务流程中产生的、未经过加工或者加工程度较低的，保证组织和机构正常运作的必不可少的信息资源。

增值性信息资源是在基础性信息资源基础上，通过创意包装与改变，或者是经过整合、深加工等增值处理后的信息资源。

五是按照信息的产品形态不同，信息资源主要包括各种纸质材料呈现的信息资源、各类电子版信息资源、多媒体数据库信息资源、网络平台信息资源。

各种纸质材料呈现的信息资源，包括各种稿件，如书稿、新闻稿，收集的各种文献资料、文件、手记、笔记，以及各种印刷品，如图书、报纸、期刊、杂志等。

各类电子版信息资源，包括工作中产生的电子文件，如编辑的新闻，制作的课件资料，形成的研究材料、医疗报告、工作报告、账单报表等，录制或拍摄的图片、影像或有再利用价值的片段素材，待播出的自成单元的节目、音乐等。

多媒体数据库信息资源，指经过一定序化和专业的整理、分类的档案库、稿件库、素材库、节目库、论文库、图片库、音乐库、影像库、书目库和综合数据库等，以及可以出版发行的电子图书、期刊、报纸、多媒体音像出版物等，如影音录像制品、电子学习产品、内容软件产品、游戏、动漫、应用软件等。

网络平台信息资源，如综合性门户网站、商业网站，电台、电视台网站，以及其他的互联网提供的信息产品和信息服务平台等。网络平台信息资源既是超大型的综合性信息资源产品，同时，网络作为资源平台的功能还能提供多种信息服务。目前互联网服务中商业价值较大的信息搜索业务和电子商务业务还只是网络信息资源开发利用中比较浅的层次，只是"长尾"中的一斑。随着互联网技术和应用的不断创新，基于互联网的信息资源产品和信息服务将会更加丰富。

除上述五个维度之外，还可以按信息资源不同的标准大致划分为体载信息资源、文献信息资源、实物信息资源、电子信息资源。

体载信息资源是指以人体为载体并能为他人识别的信息资源。按信息表述方式，信息资源又可以分为口语信息资源和体语信息资源。口语信息资源是人类以口头语言表达出来并被记录下来的信息资源，如谈话、授课、讲演、讨论、唱歌等。体语信息资源是人的体态表述出来的信息资源，如表情、手势、姿态、舞蹈等。

文献信息资源是以文献为载体的信息资源。文献是记录知识或信息的一切载体。几千年来，人们已经习惯了从文献中获取信息，将其视为信息的源泉。

实物信息资源是指以实物为载体的信息资源，包括以自然物质为载体的天然实物信息资源和以人工实物为载体的人工实物信息资源（如样品、模型等）。

电子信息资源是指以数字化形式（0、1），把文字、图像、声音、动画等多种形式的信息储存在磁带、磁盘、光盘等介质上，通过计算机输出设备和网络传送而最终显示在用户终端计算机上的信息总和。电子信息资源包括机读数据库和网络信息资源。网络信息资源，是指计算机技术、通信技术、多媒体技术相互融合而形成的网络上可查找到的资源。

3. 政府信息资源集成

从政府工作流程的角度来看，政府信息资源集成（Government Information Integration，GII）是指在一定的政策和安全保障机制的指导下，针对政府信息资源的特点与政府部门的工作需求，通过一定的技术手段，并通过协同作业的方法，把政府信息资源诸要素有机融合并使之优化的动态过程，是一个优化要素关系、重构体系结构的过程。

政府信息资源是国家的战略性资源，政府信息化及电子政务建设的目的在于使每个组织和个人都能够在一定范围内最大限度地利用政府信息资源，保证各个政府机构都能有效地履行各自的职责。从这个角度来讲，有效的管理思想和管理方法是必不可少的。

（1）集成有助于实现政府信息资源的跨部门共享。

我国的政府信息化建设已经历了 20 多年的时间，国家在这方面投入了大量的财政资金，目前我国政府办公业务网（政务内网）已基本建成，政府公众信息网（政务外网）也形成了相当规模。但是由于标准不一各自为政、自成一体、不联不通，缺乏有效整合，政府大小部门间最终形成了一个个"信息孤岛"，隔断了部门内业务上的内在联系，致使丰富的信息资源难以得到共享，大量资金投入的结果，却不能获得为社会提供便利的政府公共服务的回报。可见，当前的政务信息化建设，需要大力推动关联部门的信息互联，使政府关联部门走出"信息孤岛"。因此，有必要寻求一种有效的管理模式，消除政府部门之间的"信息孤岛"，促进政府信息资源跨部门共享的实现。集成的本质是要素的整合和优势互补。因此，推进信息集成有助于信息要素的开发与利用，是改善"信息孤岛"局面的必由之路。

（2）集成一直是政府信息资源管理的核心观念之一。

我国学者孟广均认为，"信息资源管理一般被认为是一个集成领域，是由多种人类信息活动所整合而成的特殊形式的管理活动"。卢泰宏认为，"信息资源管理是一种集约化管理"。而从整个信息资源管理理论的发展来看，虽然先后出现了技术集成学派、信息集成学派和集成运动学派三个主要学术派别，但三个学派都认为"集成"是信息资源的基本特点。如前面所提到的美国信息资源管理学家霍顿的信息资源集成概念。英国的信息管理学家博蒙特（J. R. Beaumont）和萨瑟兰（E. Sutherland）认为，"信息资源管理是一个集合名词，它包括所有能够确保信息利用的管理活动"。美国信息管理学家马钱德（D. A. Marchand）和克雷斯林（J. C. Kresslein）则更详细地区分了公共机构中的"信息孤岛"，提出了信息资源集成管理的模型。可见，集成的思想一直是信息资源管理的核心观念。

（3）整个政府管理决策的过程是一个信息资源集成过程。

根据赫伯特·西蒙的决策理论，政府决策的过程主要包括四个阶段：一是信息收集阶段，主要任务是根据战略目标集成相关的内外部信息资源；二是拟订计划阶段，主要任务是利用一定的程序和模式对所收集的信息资源进行再集成，以便得到若干可行的备选方案；三是选定计划阶段，主要任务是从备选方案中选择确定最佳方案；四是审查计划阶段，主要任务是在最终方案中集成新的信息资源，以便完善最终的决策方案。可见，上述每一阶段都离不开相关的信息资源，政府决策的过程也是信息资源集成的过程。

事实上，目前集成思想在政府信息资源管理的应用中也得到了一定程度的体现，电子政务 GRP 解决方案的提出就是其中体现。此外，政府信息化规划、信息战略制定、政务流程重组、信息系统分析与设计、知识共享与知识管理方案等都涉及信息资源的集成管理问题。但由于信息资源集成管理的理论还不成熟，加之政府部门的特殊性，所以对信息资源集成的管理并没有发挥其应有的作用，如何实现政府信息资源的综合集成是一大难题。

（4）政府社会管理与信息资源集成。

信息技术作为社会发展的结构化产物，也作为一种社会结构而嵌入我们的日常生活之中，建构着我们的交往与生活方式。一个不争的事实是，我们的生活正快速信息化。如果说公共治理模式作为社会化的产物，所表达的是一种政府与社会关系，那么，在信息社会来临之际，随着信息技术的跃迁式发展使公民在偏好表达、日常沟通、信息传播等方面发生变化的时候，政府不仅需要适应信息时代的技术升级，也需要适应在技术升级的情况下所带来的社会生活方式的变化及其所引发的对政府公共服务方式和内容的变化产生的影响。进而，公共治理模式也必然走向革新。

随着不同社会领域的信息技术趋向集成，越来越生活化，信息技术从影响政府业务流程到组织变革，再到职能重塑，进而改变着政府与社会关系。在促进了政府组织内部不断变革的同时，也不断塑造着政府的治理模式。

随着 IBM 公司提出智慧地球、智慧城市概念，以及智慧城市在新加坡、日本及我国宁波、武汉等地实践的逐步开展，"智能"的生活成为信息社会的一种愿景。这就使更具智慧性的政府、创新公共服务模式成为必然和必需。当前，深圳市也已提出了智慧城市建设战略，在这一背景下创新市辖区政府的社会治理模式也就成为一种现实的选择。

智慧城市建设背景下的社会治理模式创新是适应智能科技发展的趋势性选择；是在信息社会下进行治理模式变革的战略性选择。通过治理模式的创新，不仅可以使政府变得更具"智慧"，有更强的社会治理效能和响应性，而且，可以在增强政府与公民之间互动关系的同时，提升公民的公共服务满意度及公共治理的社会合法性。

（三）网格与政府网格化管理

网格概念的核心是"资源"及对"资源的使用"，这里的"资源"包括计算机、数据库、仪器设备、信息服务等极其广泛的内容。网格概念的实质，就是打破传统的强加在"资源"上的种种限制，为用户提供一种前所未有的高级服务。打破对资源的限制，它包括几方面的含义：一是资源的网格化，即将资源从特定的地理位置的束缚中解放出来，使得该资源可以通过网格输送到任何角落，达到网格资源完全与地理位置无关的目的；二是网格资源的协调，即对任何网格资源，在一定的规则和管理下，都可以实现相互协作，破除不同资源之间在广泛共享与协作方面的障碍；三是网格资源的融合，即打破原来加在资源能力和资源类型方面的限制。因此，网格系统提供的资源，是可以进行任意动态组合的资源。

网格具有四个特性：网格是立体的、不规则的；网格上的节点是优化后的管理组织单位；网格所形成的节点与节点之间、区域与区域之间的资源可以有效共享；网格信息可以有效传递。

所谓网格化管理是指按照一定的规则和标准将管理对象划分为功能各

异的网格单元，并利用现代计算机信息技术建立一个能够使各网格单元之间进行高效、快捷、畅通的信息交流和资源共享的系统协调机制，以最终实现提高管理效率的现代化管理模式。它是将空间网格及计算机网格管理思想与现代管理科学相结合而形成的新的应用领域，已经被应用于城区管理、市场监管、治安巡逻、环卫等多个领域。

政府网格化管理的内涵是把管理内容划分为部件和事件，把管理范围以万米网格为最小管理单位进行划分，明确管理的标准和流程。建立相应的组织保障体系，配置先进的信息化技术手段和设备，形成科学、封闭的管理系统，实现主动发现问题、主动解决问题的机制，提高政府管理的能级和水平。

构建政府网格的核心目标就是实现资源的共享及协同工作。网格是由一个个不同层面、不同规模、不同性质的网格单位构成的，纵横互通、资源同享、协同应用，这样才能从网格发展到"网格化"；网格化管理是政府资源有效整合、管理结构充分优化后所形成的新型政府管理模式，是体现"条块结合、以块为主"政府管理指导思想的具体管理模式。

政府网格化管理新模式能够运用信息化技术实现政府管理全过程信息的实时传递与处理，实现技术支撑体制、体制保障技术应用的良性互动，支撑对传统政务流程的优化再造，支撑管理方式的精确、敏捷，是解决现代政府管理问题的有效方法，也是信息时代电子政务支撑政府创新的产物。而且，实践也证明了政府网格化管理是新的历史时期迎接上述挑战和建设服务政府、责任政府、法治政府的有效载体和手段。

三 本书的研究思路

本书的具体研究思路如下：首先，明晰界定网格化管理与信息资源集成的内涵，并探讨信息资源集成和网格化管理的内在关系与互动规律，建立网格化管理中信息资源集成的体系及其流程。其次，通过对美国州政府、英国郡（县）政府、日本与新加坡城市政府网格化管理中信息资源集成经验的总结和分析，为我国政府提供相关的改革启示和借鉴。再次，以深圳市龙岗区为个案，以其具备网格化特征的"大综管"格局为分析对象，以组织架构、运行机制等方面的信息整合为分析内容，对我国政府网格化管理中信息资源集成的实践做法进行理论分析和实证研究，并就龙岗区政府网格化管理中信息资源集成现存的问题提出有针对性的解决方案。最后，提出了进一步完善我国政府网格化管理的策略，并以此构建包括数据层集成、应用层集成、业务流程层集成在内的信息集成系统架构，提出了各自的建设路径。

本书从信息资源集成的视角，力图探索政府网格化管理的新途径，开拓实现政府管理职能的新领域，在研究方法上采用理论和实证相结合的方法，具有一定的创新性。

首先在广泛的资料收集、文献研究及对比，调查分析我国网格化管理下政府信息资源管理建设中出现的集成问题和集成现状的基础上，结合发达国家在政府信息资源集成管理领域中的实践进展，消化吸收信息资源管理、网格化理论、公共管理等众多学科已有的研究成果，从"网格化管理"由传统的"综合管理"向"综合服务"转变的理念出发，将政府网格化管理中的信息资源集成定位为破解我国行政体制条块分割顽症的治理工具；并据此提出了政府网格化管理中的信息资源集成的总体框架及运行模式。

其次目前我国对"网格化"管理的研究，基本上聚焦于数字化政府等信息技术层面，即将网格化技术植入政府现行的管理体制和机制中。本书则没有只停留在"网格化管理"技术在政府管理中的运用层面上，而试图将"网格化管理"的理念融于政府的管理体制与机制之中，从政府管理创新的视角来探讨网格化管理模式，以及从政府机制创新的角度揭示网格化管理中的信息集成在建设服务型政府中的运用。

最后通过实证研究，在政府网格化管理与信息资源集成二者的逻辑关系上取得了具有创新性的理论认识，提出了政府网格化与信息资源集成是形式与内容的关系，二者之间应水乳交融，互为依存。即信息资源集成是网格化管理的实质内容，网格化管理是对信息资源集成的外在表现形式，是对信息资源集成的反映与载体。

由于政府网格化管理和信息资源集成的研究目前尚处于起步阶段，相关理论还处于发展完善之中，因此难免出现诸多不成熟的地方；同时相关的实践经验较为贫乏，加之本书选取的案例比较单一，使得研究结果运用的广泛性有待检验。

第二章

政府网格化管理与信息资源集成的学理审视

网格是一种重要的信息技术，由高性能计算机、数据源、互联网等技术的有机组合作为基础，近年来在世界范围内逐渐受到关注和运用。回顾近代科技发展史，无论是蒸汽机、发电机，还是电话、计算机，每一种新技术的推广应用总是依赖相关产品形成的网格。同理，人们要充分利用互联网上的资源，必须像电力网、通信网和交通网一样构建起高效应用的网格化基础，从而给人们的生产、生活方式带来巨大变革。

一 网格与网格化管理

网格的核心目的，就是解除"资源"所受的各种束缚，使资源可以自由流动，为用户提供一种前所未有的"高级服务"。它包括三个方面的内容。第一，资源的网格化。将资源从特定的地理位置的束缚中解放出来，让该资源可以通过网格输送到任何需要的位置，实现资源完全与地理位置无关的状态。第二，网格资源的协调。在一定的规则、管理下，使任何网格资源均可实现相互协作，使得不同资源之间可以顺利实现广泛共享与协作。第三，网格资源的融合。解除原来强加于资源能力和资源类型等方面的制约，使网格资源成为可以进行任意动态组合的资源。由此可见，网格概念的核心是"资源"和对"资源的使用"。计算机、数据库、仪器设备、信息服务等都属于"资源"之列。

（一）网格及其应用

1. 网格的界定

一般而言网格应该符合以下三个指标。

（1）协调非集中控制资源。网格整合、协调的不同资源和使用者处于不同控制域中，如相同或不同公司的不同管理单元、个人计算机和中心计算机；网格还解决在这种分布式环境中出现的安全、策略、使用费用、成员权限等。

（2）使用标准的、开放的、通用的协议和接口。网格建立在多功能的协议和接口之上，这些协议和接口具有标准化和开放化等重要特性，能够解决认证、授权、资源发现和资源存取等基本问题。

（3）得到非凡的服务质量。网格允许资源间的协调使用，以提高服务质量，满足不同用户需求，如系统响应时间、流通量、有效性、安全性及资源重定位等，使得联合系统功效大于其各部分的功效之和。

网格的目的就是要利用互联网技术把不同地理位置的计算机组织成一台虚拟的超级计算机，实现各种资源的全面共享。传统互联网实现了计算机硬件的连通，Web 实现了网页的连通，而网格则试图实现互联网上全部资源的全面连通。

网格并不是要抛弃和完全取代互联网，而是要超越互联网的性能。

（1）网格的互联网络比互联网具有更高速的带宽，"它就像用 100 条车道的高速公路来取代今天的道路"。

（2）网格上将有更多高性能计算机，支撑计算速度的大幅度提高。

（3）网格能更有效地利用各种资源，如网格能够采用自动地把用户最需要的信息放在离用户最近的服务器的广域缓存技术。

（4）网格还将促进更多、更大的网上小区出现，并最终构成一个庞大的网格小区，轻松连接地球上的所有人。

因此，网格具有五个特征。一是多层次上的异构性。构成计算网格的计算资源和网络连接常常是高度异构的，这种异构特性表现在各个层次上，从硬设备、系统软件到调度策略、安全策略、使用策略等都具有异构性。这是由计算网格所面临的现实环境决定的。二是可扩充性和可选择性。计算网格首先必须保证系统的可扩充性，在广域范围内实现并行与分布式计算，并拥有庞大的计算机资源，因此可扩充性是一个基本的特点。任何应用都可以根据自己在连接特性、开销、安全和可靠性等方面的要求选择适合的计算资源完成计算。三是不可预测的结构。传统上，高性能应用一般在单独的系统上开发，很多特性是固定、可知的。然而，计算网格的应用要求执行在较广泛的环境中，这种环境是由适合的资源动态构成的。这就导致了执行系统的结构和特性很难确定，呈动态变化，无法进行预测，同时地理上的分布和网络的复杂性更加剧了这一点。四是动态的、不可预测的行为。传统的高性能应用系统经常使用共享或者组调度的调度策略，可以预测其对处理机和网络的访问，而在计算网格中，资源特别是网络链路很可能是共享的，其结果是系统行为和性能随时间而变化。此外大规模的计算网格也可能会遇到资源和网络的失效，以致无法保证基本的服务质量要求，这也会导致应用系统的行为无法预测。五是多个管理区域。计算网格所使用的资源通常不是只被一个组织所拥有和管理，而是由多个组织的管理实体所管理的计算资源。不同组织的管理实体可能采用不同的管理机制、验证机制、授权机制和访问机制，这使得本已令人头疼的网络安全问题更加复杂，也要求计算网格要解决用户代码的远程执行问题、资源的协作分配问题及分布和并发调度问题。

网格对信息技术的发展与推动具有越来越重要的作用。

第一，网格可以实现全面的资源共享。它能消除"信息孤岛"，实现应用程序的互联互通。网格与计算机网络不同，计算机网络只实现了一种硬件的连通，而网格是实现应用层面的连通，即用户使用层面上的连通。正是这种应用层面的连通，使得人们在使用信息资源时就像使用电源一样方便，不需要去考虑这些资源的来源和负载情况。

第二，网格能提供协同工作。有了网格我们就可以很快地处理一个非常复杂的问题。例如，飞机制造厂家就可以利用网格模拟飞机在空中的飞行。通过仿真来检测飞机的各项技术性能指标，从而为进一步的开发和研究提供数据。这样就取代了原来的复杂电路测试和风洞试验，从而缩短了产品的研制时间，也降低了产品的成本。

第三，网格是基于国际的开放性。因为网格是建立在互联网基础上的，互联网的开放性就决定了网格也是开放性的，且不只局限于某一公司或某一国家。这将给所有人带来开放发展的机会，出现垄断的概率将大大降低。

第四，网格采用的是国际标准，标准化意味着网格可以使接入设备像电话一样方便使用。

第五，网格还可以提供动态的服务，能够适应信息资源的变化。目前关于网格的研究主要分为三个层次：计算网格、信息网格和知识网格。与网络信息资源组织与开发密切相关的是信息网格。它是利用网格技术实现信息共享的管理和信息服务系统。这一系统应对新网格单元及其资源具有接纳和消化的功能。

2. 网格技术应用

走在网格研究最前沿的是美国和欧洲。美国政府已投资 5 亿美元用于网格技术的基础研究；美军预计在 2020 年完成一项宏大的网格计划，即全球信息网格。作为该计划的一部分，美国海军陆战队已启动了一个耗资 160 亿美元、历时 8 年的项目，包括网格系统的研制、建设、维护及升级。在已建成的网格体系中，美国的 TeraGrid 具有世界最快的运算速度——计算能力达到每秒 13.6 万亿次浮点。

英国政府对于网格建设也十分重视，已投资 1 亿英镑用于研制"英国国家网格"，利用现有的超级计算机将网格技术和高速宽带连接起来，并计划投入市场试运行。

除了国家对网格技术研究十分热衷外，众多信息产业界的大公司也青睐网格相关项目，并计划研究网格相关商业产品。例如，IBM 公司制订了"百亿美元网格计划"，打造全球计算平台；微软公司针对网格提出"无处不在的计算，无处不在的微软"的口号，推出了 NET 四代操作系统 Lotighorn，并明确叫作网格操作系统；英特尔公司则提出了"计算与通信融合"，计划把马达、手机等全做到芯片中，让芯片无处不在，意在网格时代继续保持其在芯片领域的霸主地位。

我国对于网格的研究与应用早在 2002 年就被列为"863 计划"的一个专项，并已达到世界先进水平。"十五"期间，我国研制了具有每秒 4 万亿次运算能力、面向网格的高性能计算机；同时建设了中国国家网格；开发了一套具有自主知识产权的网格软件；并建设了若干个科学研究、经济建设、社会发展和国防建设急需的重要应用网格；形成了若干网格技术的国家标准，并参与制定国际标准。

目前，国内网格技术应用的一个主要问题在于，很多行业已经在使用网格的相关技术但尚未使用网格这一名称。例如，在银行界叫作业务集中，在航空、船舶、汽车行业被称作广域虚拟设计环境，在资源环境领域则名为单一数据源，在电子商务和电子政务中叫作资源共享与协同工作。

网格技术应用范围非常广泛，概括起来主要包括以下几类。

（1）城市地面交通。目前由于车辆保有量迅猛增加，交管部门的工作压力颇大。正在使用的交通信息系统却相互独立，功能较单一，难以与其他系统（如驾驶员管理信息系统）对接、实现信息共享。此外，目前的交通信息系统还存在实时采集数据的存储瓶颈、计算能力瓶颈等。由于网格具有与交通系统相似的分布性、异构性、动态性、自治性、协同性等特征，因此，可以被用来解决交通系统问题。首先，可以对采集的海量动态数据进行分布存储并整合，以便判断实时路面情况；其次，将各种城市交通信息资源通过网格高速传送，并可通过高性能计算进行交通状况预测，使各个交通职能和实施部门及网点协同配合，从而进行综合性的交通决策。此外还可以使用整个城市交通信息网格来发布交通服务信息。例如，Globus Toolkit 3（计算机模块规划软件）所设计的交通运输网格系统，可以有效实现地图操作、信息查询、路况显示及路况模拟等功能。

（2）铁路运输。铁路的信息技术建设是一个庞大的系统的工程，必须协同工作，才能保证列车的正常运转。网格技术能够为铁路网络集成信息，协同各个节点，提高综合网和服务网的功能与作用，自动处理客户提出的请求或资料查询要求，从而使得铁路服务更加完善。

（3）航空制造。计算机进行飞机设计时容易受到海量计算的困扰，利用网格技术可以有效解决海量计算的难题，使整个设计速度加快数倍。据专家估计，利用网格技术能够缩短产品研发时间的30%—40%，减少成本20%左右，这个数据反映了网格对于航空业发展的促进作用之大。

（4）资源勘探。为了收集资源数据，我国投入了大量的财力物力，但这些数据零碎地分散在不同的地方，利用目前的技术难以实现共享，利用率低。如果将它们放在网格上共享，则可以有效提高各种资源勘探的效率。

（5）金融业。通过网格技术对金融电子化系统进行规范化、标准化建设具有重要的意义：金融电子化发展的最终目标是在各金融系统之间实现数据信息的统一共享，但由于业务种类繁多、涉及面广，各项数据分散在各业务职能部门，而传统的支付方式将逐步被电子货币取代，这必然要求实现支付结算方式的深刻变革。

（6）电子商务。网格技术使电子外包成为企业应用电子商务服务的新趋势，企业只需访问服务供货商建立的电子商务网格上的软件库，就可得到企业所需的管理程序、商业数据库数据，而不必再独立投资建立内部的全套软件和程序，并且只需支付一定的租金，成本相对低廉。现在越来越多的客户打算外包而不是自己建设电子商务的基础设施，这有利于企业专注于自己的核心业务，从而提高核心竞争力。电子外包的内容涵盖了从行业战略层面的商务战略咨询和托管服务，到企业管理层的电子交易、电子协同、客户关系管理、供应链管理、企业资源计划、商务信息咨询等全方位应用的外包服务。作为电子外包的一种模式，IBM 公司提出了电子商务随取即用新构想，而电子商务随取即用的核心就是采用网格技术，将互联网上的各种资源连通，为客户提供最方便、最快捷、最安全的电子商务服务。随取即用的电子商务使得企业在使用标准化的流程、应用程序及网络基础架构时就如同使用电力或天然气等一般的公共服务一样。它不仅可以同时为多个客户提供立即可用的、具有大量定制功能的、弹性的基础架构，而且还能保证其应用环境具有高度的安全性。

（7）生物医药。在生物医药方面，首先，网格技术可以被用来计算科技数据，并极大程度减少科技人员的分析计算时间，提高效率。其次，网格技术能在较短时间内把需要的数据从不同的数据库中抽取出来并综合在一起，而不用多次访问不同数据库，这对于生物科技对数据的存储和管理有着重要意义。生物数据非常复杂，包括物体本身、细胞、染色体、DNA、单个细胞的循环等各个方面的信息；层次多且类型复杂，基因数据库的整合是关键问题，利用网格技术则可以轻易地实现资料的管理和综合，而不用多次访问不同数据库。

（二）网格化管理

所谓网格化管理，指的是借用计算机网格管理的思想，将管理对象按照一定的标准划分成若干网格单元，利用现代信息技术和各网格单元间的协调机制，使各个网格单元之间能有效地进行信息交流，透明地共享组织的资源，以最终达到整合组织资源、提高管理效率的现代化管理思想。

网格化管理关心的是：在动态的、多机构的虚拟组织中协调资源共享和协同解决问题。其核心概念是：在一组参与节点（资源提供者和消费者）中协商资源共享管理的能力，利用协商得到的资源共同解决一些问题。即网格化管理所关心的共享主要不在于档交换，而在于对计算机、软件、数据和其他资源的直接接入使用，这是工业界、科学界、机械界中大量出现的协同解决问题和资源代理策略的需要。这种共享必须被高度控制，资源提供者和消费者要清晰和详细地定义哪些资源可被共享，谁可享用这些资源，以及共享发生的条件。用这样的共享规则定义的一组个人和机构，亦被称为"虚拟组织"。

"协议标准化"是衡量"网格化"的指标，它使异构系统间互操作成为可能。如前所述，根据这个指标，网格化实际上是协调非集中控制资源的，使用标准、开放、通用的协议和接口的，得到非平凡的服务质量的一个系统。根据上述鉴别指标，一方面，集群管理系统尽管与网格有一些相似，但是仍然不算网格。因为这样的系统（例如 Sun 的 Sun Grid Engine、Platform 的 Load Sharing Facility，或者 Veridian 的 Portable Batch System），尽管安装在一个并行计算机或局域网上，使这些系统能获得相应的服务质量，从而构造了一个强大的网格资源系统，但是它对宿主机实行集中控制而不是自治，它完全掌握系统状态和用户请求信息，完全控制每个成员的行为。另一方面，网页也不算网格，虽然它具有开放、通用的协议，并支持分布式资源存取，但是它没能协调使用这些资源以得到期望的服务质量。

（三）政府网格化管理

网格化管理是一种新的资源整合方式和组织模式，作为现代一种新型的企业管理模式，网格化强调责任与协调的统一。即每个成员都必须为客户需求的全过程负责，同时通过网格资源的共享得到协调与协同，以求获得最高质量的服务。这种建立在信息化基础上的新型管理模式同样适用于政府的公共管理，尤其是适用于人口相对集中的城市政府。

对于政府网格化管理而言，它应该贯穿两个核心理念：一是从外在管理和服务的需求来看，必须以客户为导向，面向全流程；二是从内在管理和服务的提供来看，必须以资源整合为目的，实现工作协同。

第一，从职能导向转变为以客户为导向，面向全流程。传统的政府管理模式是面向职能的，政府管理以各项职能的实现为目的。这种管理与服务模式不会去主动关心本职责范围之外的其他信息，需要市民自己充当各项职能之间的黏合剂来完成整个事务处理流程。以政府管理中民政部门社会救助申领为例，民政只要按照规定，检查申请者各项证明是否齐备就可以了。而这些证明的取得和真伪则不属于民政分内之事，这样申请者为了申请社会救助可能不得不跑很多部门出具证明，申请者可能不熟悉各种程序，往往需要在各个部门间跑几个来回，客户的反复也会造成大量重复、低效劳动。其结果是，职能部门普遍反映工作量太大、效率低下且市民满意度不高。由于难以掌握全面信息，单个职能科室无法判断这些证明的真实性和准确性，也会造成一定的错漏。所以以职能为导向的工作模式的最大缺点是各项职能工作不能协同，信息无法共享，办事周期长，客户满意度不高。

因此，现在阻碍政府行政效率和市民满意度提升的症结往往并不是单项职能的效率问题，而是这些单项职能的组合——流程上的问题。从面向用户考虑，市民关心的也不是各职能科室是否履行了自己的职能和完成了职能科室分内的工作，而是自己的需求是否得到了满足。市民需求的满足需要各种职能组合起来，形成流畅的、没有信息阻碍的完整的工作流，这是面向职能的传统的政府管理模式下所不能实现的。在网格化管理中，可以通过管理和服务观念的变革，形成整体的流程链条，通过统一的管理事务受理平台来实现。面向客户，以流程为中心需要政府职能部门真正从服务市民对象出发，关注服务对象需求的全流程实现。这必然对政府管理与服务部门提出了更高的要求。因为工作人员不仅要熟悉本职能部门的业务，还要了解其他部门的业务，成为熟悉本职、了解全局的全能型工作人员。以客户为导向的工作方式是传统以职能为中心的工作方式的一种革命性变化，也是网格化管理方式的核心。

第二，通过资源整合，实现工作协同，变多头管理为综合服务。从我国政府的结构来看，尽管政府的机构设置不尽相同，但基本职能和主要业务是一致的。一般而言，政府的职能按业务相关性可分为党建工作、社会发展、综合治理、经济运行、城市建设五大工作领域。其中党建工作、社会发展、综合治理主要是针对人的工作，而经济运行、城市建设分别针对法人和城建设施（土地、建筑物、市政设施、环境）。

政府网格化管理应以服务对象不同生命周期的需求为导向，梳理任务事项，优化业务流程，按五大领域在相应的层面上，充分整合资源，加强协同，进一步深化条块结合、以块为主的管理运作模式，提升管理效率，满足客户需求。以个体公民为例，每个公民在其生命周期中，可能会面临很多需要政府监管和服务的事项，如出生上户口、教育、工作，各种救助、保险等，每一件事项则对应着不同的流程，且在流程中将面临多头管理。在以客户为中心的观念下，可针对每一个流程，不同的部门进行相应的行政资源的集成，共同为一个流程服务。由于有了行政资源的集成，公民在完成每一个流程时只需要一个无差别的接入点就可以完成整个流程，管理与服务的效率和效果都可以大大提高。

政府网格化管理的基础是网格划分的标准化、网格之间联系的信息化及建立相应的网格资源的协调调度机制。

构建政府网格化管理系统，首先是划分各网格单元，而划分各网格单元必须有一定的划分标准，使各网格单元的构建和管理规范化。因此，网格划分的标准化是网格化管理的前提。

其次，政府网格之间联系的畅通是保证网格化管理效率的基础。伴随着现代信息技术的发展和网络水平的不断提高，组织各部门间信息传递也更加迅捷。然而，在网格化管理中，各网格单元间的信息交流并不仅限于日常的事务性交流，更重要的是将各单元的资源现状和利用情况随时向网格化管理系统告知，这就对网格化管理系统的信息网络提出了更高的要求。因此，网格节点之间联系的信息化，是网格化管理的关键。

政府网格化管理的终极目标是整合组织资源，提高组织管理效率，因此是否能够动态地调用各网格单元的资源，是网格化管理的关键所在。网格的资源首先是隶属于各个网格单元的，因此各单元对其资源具有管理和控制权限；但这些资源也是属于整个网格系统的，网格化管理系统对该资源也应有相应的控制和管理权限。所以，网格化管理不仅要实现各网格单元间的信息交换，更重要的是直接利用和控制各网格单元资源。这就使网格资源的协调调度机制成为网格化管理的保障。

我国首先实现城市网格化管理的城市是北京东城区，它运用网络地图技术，以1万平方米为基层单位，将全区划分为若干个网状单元，将公共设施部件赋予8位代码，标注在相应万米单元网格图中，并确定其名称、现状、归属部门等。它使城市管理变被动为主动，变事后问责为预警性监管。目前，北京、上海、深圳等地已经实现了城市信息的跨部门共享，初步实现了城市的网格化管理。概括起来，我国城市网格化管理主要运用于以下诸方面。

一是网格化城区管理。网格化在城区管理上的应用主要是城区管理联动机制，它是在城管大队、巡警、环卫等部门开展网格化管理模式基础上形成的各部门联合互动、齐抓共管的现代化市容环境管理新体系。这种机制主要依据"各司其职、优势互补、依法管理、规范运作、快速反应"的原则，将各网格内的巡警、城管、环卫、城管协管员之间的联系、协作、支持等内容制度化，巡查人员在网格内进行日常巡查过程中，依据职权范围，对涉及交通、治安、卫生、市容等问题，负有宣传、教育、批评、帮助的义务，对违法违章的现象负有举报、举证的责任；并应当进一步加强各网格之间的横向联系，与其他网格互通有无，相互支持，达到信息资源、执法力量共享的目的。

二是网格化市场监管。网格化市场监督管理是将工商部门管辖的区域网格化，巡查干部对管辖范围内的经济户口承担管理责任，从根本上保证了经济户口监管到位。信用监管的网格化，使行政执法力量由静态转向动态，由资格监管转向行为监管，从主要对企业登记事项的监管，转向重点打击企业失信行为，从而提高监管的整体水平和效能。例如，北京市工商行政管理局信用监管系统全面整合登记和监管数据，构成了完整的"经济户口"记录。"经济户口"是一系列有关企业信用信息的主体和载体，记录的内容不仅包括身份信息、良好信息和各种不良信用信息（如登记信息、年检信息、重合同守信誉企业信息、驰名商标信息）等静态信息，还包括进行日常检查、商标、广告、合同、公平交易等监管职能时产生的动态信息。由于网格化市场监管能够借助统一的内部信息网络平台，汇总和整合了分散于各业务子系统的企业登记和监督记录，并形成依托"经济户口"的动态化的企业信用档案，从而规避了传统监管中单个部门各自为政的弊端，形成了各业务部门集中统一综合监管的局面，为实施信用监管奠定了坚实的基础。

实施网格化市场监管是信用监管的重要环节，也是转变政府职能的要求，必须以"经济户口"记录的数字化、电子化为基础。以海淀区为例，一个工商所管辖市场主体近万户，而管理干部仅20余人。若按照传统的监管模式对辖区内的市场主体进行管理，则必有疏漏之处。经过网格化市场监管改革后，管理部门能全面准确地掌握各"经济户口"资料，将企业分为不同的风险类别和信誉级别，分别采取程度不同的监管措施，并以信用监管为主要手段，进一步改进执法巡查制度，以落实和完善辖区市场经济秩序责任制。

三是劳动保障网格化监察。网格化监察是将街道划分为若干个管理区域，区域之间互连形成网格，以网格为单位，责任到人，实行目标管理。2003年8月，上海市在卢湾区、虹口区实行网格化监察试点，并在此基础上在上海市全面推行。

为解决监察力量不足的问题，上海市整合社会管理资源，将经过多年锻炼的小区保安劳动监督分队与劳动保障监察队伍对接：每两名监察大队专职监察员负责一个街道的四块网格的监管，分队的每两名监督员负责一块网格。在卢湾区，企业户籍卡的动态管理已可以直接在劳动局局域网上实现。此外还融入了外来劳动力管理内容，为新增就业岗位提供了配套服务，为培训部门提供"一户一卡"的基础数据。目前，劳动保障监察部门已实现对上海市 10 人以下用人单位的劳动管理情况动态监管。

在 2004 年上半年进行的劳动年检中，由于网格化监察的实施，参加年检的企业数大幅度地提高。网格化监察，不仅将监察的触角延伸到所有形式的经济组织，而且还实现了动态地掌握企业用人信息，使整个劳动保障监察工作焕发出新的活力，初现劳动保障监察长效机制的优势。可以说，上海的网格化监察，有效地解决了劳动保障监察队伍有限与监察覆盖面即各种经济组织迅速发展扩大的矛盾。

四是网格化巡逻防控管理。北京市公安局利用社会全面动态防控网格管理系统，对全市参与社会全面巡逻防控的多层次、多警种的力量进行优化与整合，形成一个由四个层次（市局、分县局、派出所、小区）、七种力量（专业巡警、派出所巡逻民警、交警、武警、联防、保安、协管员）构成的全市动态巡控网络体系和模式，同时对全市参与社会面巡逻防控工作的各种力量进行分时间、空间和综合性统计分析，为打击罪犯布下了天罗地网。

北京市公安局根据时空控制的特点建设起一个软件应用系统，该系统将巡逻防控工作专业数据与全市地理信息数据有机融合，并以 GIS 技术为基础，对巡控网络的各类构成要素进行管理。这些构成要素包括巡区、巡逻段、巡逻车分布、堵卡点、岗亭、必到点、重点目标、交通枢纽、水电热气、复杂场所、繁华街区等。在此基础上，对全市巡控网络的构成进行时间、空间及综合性统计分析，有针对性地加强对高发案地区、高发案时段的巡逻防控工作。

在上海，市公安局抽调精兵强将，建立网格化街面巡逻机制。该机制主要包括四个方面。

一是 24 小时监控网格化巡区，实现监控无死角。

二是将主要功能定位在治安管理上，主要负责"110"出警、发现和盘查可疑人员、维持交通秩序、为群众提供救助与服务等十项职责任务。

三是建立统一高效的指挥通信系统。将交巡警指挥台并入市（分、县）局指挥中心；巡警、巡逻车由分（县）局指挥中心直接指挥；随时保持与每位巡警及巡逻车的联络等。

四是规范的管理考核制度。主要包括案（事）件移交制度、必到点登记制度、信息采集使用制度及执勤联络报告制度等。一般每个巡逻区设置5个以上的必到点，要求巡逻民警每班必到此点巡查、记录。

总之，目前我国对"网格化"管理的研究，基本上聚焦于数字化城市等信息技术层面，即将网格化技术植入城市政府现行的管理体制和机制中。本书则没有停留在网格化管理技术在城市政府管理中的运用层面上，而试图将网格化管理的理念融于城市政府的管理体制与机制之中，从政府管理创新的视角来探讨网格化管理模式，以及从政府机制创新的角度揭示网格化管理中的信息集成在建设服务性政府中的运用。

二　政府信息资源集成概述

信息资源有狭义和广义之分。狭义的信息资源主要是指信息内容；广义的信息资源包括信息内容及与信息内容相关的信息设备、信息系统、信息网络等。同理，政府信息资源也有狭义和广义之分。狭义的政府信息资源是指信息内容资源；广义的政府信息资源是政务活动所涉及的信息资源的集合。它包括信息内容资源和技术资源两个方面。由此可见，单纯的信息资源是没有任何意义的，只有将信息资源按一定的需要予以整合，即实现信息集成才是政府信息管理的目标。在政府的信息资源中，人力资源和环境资源是政府信息资源管理的外部条件，尽管同信息技术资源相比，它们与政府信息资源没有直接的、紧密的联系，但却是政府信息资源管理的一个极其重要的因素。

北京大学的张德方教授对信息资源的定义进行了扩展，其认为信息技术资源是指政府信息资源管理过程中硬件、软件、物理设备和通信网路的集合，是政府用来收集、处理、传输、发布、使用、储存信息内容资源的手段，包括信息技术、信息设备、信息系统、信息网络资源。人力资源是指政府信息管理过程中所涉及的人员的总称，是影响政府信息资源管理的重要方面。一方面，它是政务信息系统的载体，是政务信息管理的主宰；另一方面，它又是政务信息内容资源的创造者和使用者。

（一）政府信息资源集成的概念

麦瓦迪指出，世界范围内各组织都面临着信息集成整合的考验，一是整合遗留系统（Legacy System）数据的需要；二是需要集成第三方或战略伙伴系统数据到本系统中；三是需要对分散的数据源的数据进行分析①。美国产业咨询委员会（IAC）向管理与预算局（OMB）递交的报告《交互操作战略：概念、挑战和建议》② 中指出："政府是信息技术最大的用户，估计每年有 500 亿美元用于投资 IT，其中有相当大的一部分用于遗留系统的维护开发支持，大部分投入不是为了系统的协同工作，我们的系统和数据库被构建成仓筒式的结构，政府所面临的最大挑战之一是使这些系统交互操作和共享信息。"英国政府的交互操作框架 e – GIF（e – Government Interoperability Framework）中指出"联合的政府需要联合的信息系统"③。拉姆·温认为影响电子政务成熟度的一个关键因素便是集成，他从战略、技术、政策与组织 4 个方面总结了影响电子政务集成的 17 个障碍，并指出电子政务的集成不仅仅是信息技术集成，决策者们更应该关注信息战略规划和变革管理。④ 穆恩认为不同网络环境、多重分散的操作系统、不同的数据库管理系统、不同的数据格式、不同元数据方案、不同的术语和本体、不同的领域和不同语言、不同的字符集、不同的检索系统、不同信息发布方式、系统重复、条块分割及与信息发展相左的管理者理念意识，使得政府信息一方面在快速增长，另一方面由于缺乏相应的管理机制，政府发布在 Web 上的信息也在快速消失。⑤

"集成"一词的英语为"integration"，有"联合""整合"之义。国内目前对这一概念尚未形成统一的定义，许多学者从不同的角度对其进行了不同表述。

任皓、邓三鸿认为，集成是指从整体的角度，依据一定的目的需要、理念设计，把不同实践要素按照合理的活动程序、配置比例，将各种片断或分散的对象元素或单元再建构，使之具有可以发挥功能的总体性能。⑥

---

① A. Marwadi, *Ontological Semantic Integration Model*, University of Missouri – Kansas City, 2002.

② Industry Advisory Council, "Interoperability Strategy：Concepts, Challenges and Recommendations", http：//xml. coverpages. org/IAC – Interop. pdf.

③ "e – Government Interoperability Framework", Version 6. 1（1）. pdf.

④ Wing Lam, "Barriers to e – government integration", *Journal of Enterprise Information Management*, Vol. 18, No. 5, 2005, pp. 511 –530.

⑤ W. E. Moen, "Introduction to GILS", *The third annual GILS conf*, 2001.

⑥ 任皓、邓三鸿：《知识管理的重要步骤——知识整合》，《情报科学》2002 年第 6 期。

张学民和顾培亮认为，集成是指一个整体的各部分之间能彼此有机地和协调地工作，以发挥整体效益，达到整体优化之目的。[①]

金明华则指出，集成具有两层含义，即集合与组织。所谓"集合"，就是将不同分布地的信息资源通过现代技术链接在一起，运用信息技术和应用软件，形成信息整合环境。所谓"组织"，就是指将所集合的各种信息资源，按照用户的需求，通过各种信息技术和手段，进行规范、科学的组织，以供读者方便快捷地利用。[②]

笔者认为，集成是将看似无关、实则有关的东西整理为一个有机整体的过程或结果，并形成一个有效的系统，其核心是"整体大于部分之和"。

可见，所谓信息资源集成是指将某一范围内的，原来离散的、多元的、异构的、分布的信息资源通过逻辑的、物理的方式组织为一个整体，使之有利于管理、利用和服务。信息资源集成的目的就是把分散的资源集合起来，把无序的资源变为有序，使之方便用户查找信息、方便信息服务于用户。

政府的电子政务信息资源集成，主要是指在电子政府环境下，各级行政部门、企事业单位及广大的社会公众等多元主体共同参与到电子政务信息资源建设中，并能够互不排斥地获取政务信息资源，将分散的信息资源进行集成。电子政务信息资源集成的功能是，能够有效解决"信息孤岛"等问题，实现信息资源的互联互通和开放式存取，为电子政务一站式服务的实现提供强有力的支持。当然，由于集成需要引导和协调，因此政府部门在此过程中起着主导作用。

要实现电子政务信息资源集成，首先需要政府部门通过采用先进的管理方法、系统思想和信息技术，对分散、孤立的信息资源进行基于业务需求的分析，并在此基础上按照一定的原则标准和方法进行组织和整理，使之有序化、系统化、标准化、协调化及应用化，达到使目标信息资源在流通的每个业务环节里都能获得相应的信息价值增值的最终目标。信息资源集成既是一个过程，也是一个结果。从过程的角度看，它强调的是将孤立

---

① 张学民、顾培亮、郝彦辉：《集成化管理信息系统的信息回溯方法研究》，《河北工业大学学报》2001年第2期。

② 金明华：《集成服务——网络时代图书馆信息服务的新趋势》，《情报学报》2002年第1期。

分散的信息资源一体化、整体化、系统化；从结果的角度看，它强调的是信息资源的迅捷流通、高效利用及最终获得的信息价值增值。其本质是站在机制创新的高度提出和解决信息资源建设问题，而不仅仅从工程的角度提出和解决问题。

其次，信息资源集成，是要对于不同地域的信息形式、管理单位中分散存储和管理的各类信息资源，通过一定的手段联结成为一个结构有序、管理一体化、配置合理的整体。集成是为了更好地实现共享。共享则是集成的基本出发点与根本归宿。信息资源集成需要从整合起步，才能将现存的决策结构、动力结构和信息结构统一起来，协同动作；同时，整合又是信息资源集成的落脚点，即整合体现了演化进程中的调整和优化，不仅体现了近期的局部效益，而且体现了长远的整体效益。集成是一种管理。它的管理理念是：取代过去单纯以信息技术进行信息管理的理念，主张对信息资源要运用技术、经济、人文的手段进行统筹规划、全面管理。其管理特征是自上而下的、集中式的、可控性的、个性化的和实时性的管理。因此，不能把信息资源集成问题简单看成是技术层面的问题，而应看成是一个综合治理的问题。

对于现有政务信息资源而言，网格化中的信息资源集成并非对其否定和排斥，而是通过梳理和有效编排，对其进行合理继承和发展，并进一步优化。网格化中的信息资源集成的具体的操作过程应注意以下问题。

第一，要破除条块分割、各自为政的现象。这个问题在我国由来已久，一直没有得到很好解决。信息资源由不同的系统和部门掌握，形成纵横割据的状态，究其原因在于长期以来体制和部门既得利益驱使，一些政府部门信息共享意识不强，部门利益太重。不同部门的多头管理造成信息资源整合困难重重。这也是网格化信息资源集成首先应当着力解决的问题。

第二，要避免集成等于叠加的误区。有的地区、部门试图建立一个无所不包的大数据库，因此将各类信息不加区分地集成在一起，好像这样就实现了信息资源的整合。实际上，这种方法不过是将一些分散的、小的"信息孤岛"变成了一个更加无序的、混乱的大的"信息孤岛"，只有通过网格化管理的"加工"才能真正实现对信息集成的目的。

第三，要跳出"接口"集成的层面。一些重要的电子政务项目建设虽然在建设初期提出要实现"统一规划""资源整合"，但在实际建设过程中，却没有坚持落实。例如，一些部门为了让新建的系统尽快"跑起来"，往往没有利用周围环境中已经采集的信息资源，而是采用一些"权宜之计"。比如，协调不了信息的共享，那就以我为主，再采集一次；业务流程不想变化，那就任由先进的信息技术与落后的人工处理犬牙交错、和平共处等；实际操作中业务系统之间的衔接和流转没有实现自动化和数字化，还是主要通过人工方式进行，存在大量重复的数据采集和人力资源的浪费。这些资源并没有形成服务的合力，因此政务管理或服务活动的效率并没有多少提高。这些临时性的做法往往使得最初的信息资源集成成为一句空话，反而进一步恶化了信息资源环境，对真正的集成没有帮助，而是适得其反。

（二）政府信息资源集成的方式

按照政府信息资源所属的不同，我们将政府信息资源分为三类。各类不同的政府信息资源其集成的方式均有不同。

1. 行政资源

行政资源是指按照有关法律法规规定的，行政机关可以自由支配的财富，包括行政权利、组织、规则、行政者、事务、知识、关系、财物等要素及其相互作用所形成的系统，可以分成三个部分：物质性实体，政府行政机构、行政人员、设备设施等；非物质性实体，即行政体制、政策法规等；物质性与非物质性实体的功能，即政府行政能力、权威力、影响力、号召力等。简单来说，行政资源就是行政财富本身及其外在功能的影响。一切与政府行政有关的已有的财富及其已产生的和能产生的功能、影响和作用都是行政资源的要素。

作为政府行政机关可以自由支配的行政资源，在信息资源管理的过程中应该充分集成，改变传统行政体制下资源按照政府职能部门来分配的状况，建立统一的共享资源平台，提高管理与服务的效率和质量。

2. 市场资源

市场资源是指由市场占有的资源，对于这一部分资源，政府难以直接加以集成，应该通过政策加以引导，主要由市场来配置。

3. 社会资源

社会资源是介于行政资源与市场资源之间的半市场型资源（又称第三部门资源），如各种小区组织、协会和团体等。这类资源兼有行政和市场双重特征，和行政职能部门有各种各样的联系。目前以政代社、以政养社的现象比较普遍，造成社会组织发育不成熟，市场竞争力较弱，有奶的孩子长不大。而政府基层和小区对于社会资源的需求又进一步促进了以政代社、以政养社，形成非良性循环。在实施网格化管理的过程中对于这类资源不能简单加以集成，要注意通过政府购买和项目支持来培育社会组织的力量，促进这类组织的成长，通过这些组织形成社会资源的集成。

　　总之，政府信息资源集成应该根据资源所属的不同，进行不同程度的整合。对于政府行政资源应该进行充分整合，对于市场资源，应该在政府政策的引导下，主要由市场进行资源的配置。对于小区中的各种社会资源，要注意通过政府购买和项目支持来进行培育和整合。

（三）政府信息资源集成的途径

　　政府信息资源集成的总体原则是以客户为导向，面向信息流程，通过资源的整合，实现工作协同。因此，在具体的实施途径上，应该引进现代管理理念和管理技术，在相应的三大信息资源领域重新梳理其业务流程，通过资源的配置和整合，进行组织管理和流程的改造，构建具有新时期特点的政府信息资源管理模式。

　　政府信息资源集成的途径，可以分两阶段进行。

　　第一阶段：通过资源分配和资源整合来进行。政府传统的资源管理体制在应付新情况时往往乏力，其中很重要的一个原因就在于资源分配的不合理。例如，政府对基层小区管理广泛存在责任与行政资源的配置不对等，基层层面承担了相应的责任，如街面摊贩的监管，却没有相应的行政资源作为支撑，造成执法和行政依据不足等种种问题。所以，在政府信息资源分配中，应重点解决上下信息资源共享的问题。这可以通过建立属地化管理的方式实现人口信息采集、维护、交换机制和信息管理体系，上级部门应及时向下级部门开放自身信息，避免上下信息的重复采集，使下级部门有精力和条件对各条线采集的信息进行比对，并补充采集其他有价值的数据。在此基础上，向各条线回馈相关信息，确保数据准确性，消除由于信息不对称带来的管理低效和管理乏力。

　　这一阶段的主要任务可分为八个方面。

　　一是梳理形成条块信息共享的数据项。根据实际需求，经相关部门确认，梳理形成街道与公安、劳动、民政、计生、教育、房管、卫生、残联等部门在信息化管理中需要交换和共享的数据项。

二是明确各级政府信息采集的实施方式和基本规范。结合街道的管理和服务职能，确定数据采集内容、程序等各个操作细节，形成试行规范。

三是形成政府各个层面的信息维护、交换与共享的信息管理模式。按照信息的性质、用途，明确权限、交换频率、具体流程等操作方式，明确定期主动提供、依申请同类批次提供、依申请单个提供、按需求自由查询等不同分类的数据项，使共享信息与管理权限、实际用途相对应。

四是制订条块结合的信息交换与共享的技术方案和工作实施计划。按照形成的信息采集、维护、交换和共享的模式，按照安全性、拓展性、科学性的要求，在各级政府层面设计信息系统的交换、访问接口，制订信息传输和业务交互的技术方案，并制订实施计划。

五是组织数据库建设和相关软件开发工作。根据实施计划，以公安人口基本信息为基础，着手建设各地实有人口信息数据库，开发用于信息传输、业务交互及统计分析、宏观决策的应用软件。

六是形成条块人口信息共享的数据标准和技术标准。制定包括数据项、代码、字典及交换标准等数据标准和技术标准，通过试行与论证，最终形成规范文本。

七是形成人口信息属地化应用配套管理规范。在建立并完善适用于试点单位的管理方法的基础上，形成适用全地区的条块信息资源共享管理办法。

八是开发一些新的应用系统，替代现有的单机版系统。

第二阶段是解决工作协同的问题。这一阶段的任务是通过建设业务协同平台，在各级政府实现对外一口、对内整合，形成一体化的信息服务框架。按照统一的规划，对相关业务系统进行整合和集成，对尚未建设信息系统的部门，可直接在所建构的信息平台中实现服务和管理功能，对已建有信息系统的部门，做到条件成熟一个接入一个。

政府信息资源工作协同的主要手段是：构建政务协同工作平台，前台实现一体化服务，后台实现一体化运作。具体包括三个方面。

第一，实施基层小区政务工作平台，整合市民服务的前端系统，为市民提供一体化服务。通过统一受理，实现对市民的一体化服务，即从"一门式服务"到"综合办事，一口受理"，并可根据需要延伸到居委会（村委会），方便用户。

第二，建立信息交换与业务协同平台，整合信息资源，形成后台一体化运作。即通过信息交换平台，实现条块信息资源的集成。一方面，小区政务工作平台可通过信息交换平台获取条线信息资源，完善实有人口数据库；另一方面，条线信息系统也通过信息交换平台从小区实有人口数据库中获取块上的信息资源。从而实现了条块之间的信息交换和使用与其履行的职责相对应。

第三，构建协同工作平台建立可配置的业务流程库，支持跨部门的业务协同。在业务流程库的支持下，协同横向和纵向的工作，实现"一体化"运作，同时自动显示业务办理进度，方便市民查询和内部效率监察。

三 网格化管理中的政府信息资源集成

政府网格化管理的目的是以构建服务型政府为中心，建立基于数字资源共享的跨条块协同管理模式，它是对传统政府管理进行持续不断革新的结果，以期实现主动式的、高效率的政府管理。政府网格化管理作为信息技术支撑下的政府管理创新，与政府信息系统的信息整合相关。当然，它也不是信息技术与政府管理的简单叠加，而是二者融合所成的一种新的政府管理模式。在"十一五"期间，北京、上海等城市已经建立了市、区、街道三级之间的大型数据库，把城市管理区域分为上万个管理网格，把其中的公共设施分为数百万个部件和事件（例如，井盖、垃圾站、路牌等公共设施部件，都被赋予唯一代码，标注在网格地图中），由城市管理监督员对分管单元全时段监控管理，实现各个层面之间的实时沟通和信息共享，开始探索建立在信息资源集成基础上的中国式的政府网格化管理模式。

（一）政府网格化与信息资源集成的关系

政府网格化与信息资源集成是形式与内容的关系，即信息资源集成是网格化管理的实质内容，网格化管理是对信息资源集成的外在表现形式，是对信息资源集成的反映与载体。二者之间应水乳交融，互为依存。

从政府网格化来看，政府网格化管理指的是借用空间网格及计算机网格管理的思想，将管理对象按照一定的标准划分成若干网格单元，利用现代信息技术和各网格单元间的协调机制，使各个网格单元之间能有效地进行信息交流，透明地共享系统的各种资源，以最终达到整合系统资源、提高管理效率的现代化管理模式。由于政府网格化管理是基于网格信息资源共享的政务管理协同，因此它必然要依赖于相应的信息基础设施，以及与之匹配的政府信息资源集成。研究适应政府网格化管理的信息资源集成，对打造新型的政府网格化管理模式，建立发现及时、处置快速、解决有效、监督有力的政府运行机制，具有重要作用。

首先，政府网格化管理是将信息资源管理的思想用于政府管理而形成的，依据"各司其职、优势互补、规范运作、快速反应"的原则，按照政府流程再造的要求，将辖区各网格内的巡警、城管、环卫人员之间的联系、协作、支持等信息内容以制度的形式固定下来，形成新的政府管理体系，以提高政府的管理水平和管理效率。因此，它必须依托于政府信息流及对信息流的整合。

其次，构建政府网格的核心目标就是对资源的共享、使用及协同工作。网格化是由一个个不同层面、不同规模、不同性质的网格构成的，它通过纵横互通、资源同享、协同应用，从网格发展到网格化；网格化管理作为政府资源有效整合、管理结构充分优化后所形成的新型政府管理模式，体现的是"条块结合、以块为主"的政府管理思想。而网格化管理要实现资源充分共享、工作高效协同的话，信息资源集成是实现网格化管理最有效的支撑和最基本的保障。

再次，网格化管理系统的兼容性和开放性都依赖于信息资源的集成。由于各网格单元的资源形式多，再加上网格单元之间的相对独立性，因此网格化管理系统应对不同网格单元必须具有一定的兼容性。而网格单元兼容性的取得都是建立在网格单元内的各项信息资源的整合及网格单元之间的信息沟通上的。同时，网格单元的规模有可能随着组织整体规模的扩大而扩大，随着网格规模的增加，网格化管理系统承载的信息资源将越来越复杂，这就更需要信息集成来实现对网格系统信息的分类与整理。

最后，作为原生态的网格来看，它具有两个特点：一是网格是立体的、不规则的，网格上的节点只有通过信息集成，才能优化为相应的管理组织单位；二是网格所形成的节点与节点之间、区域与区域之间要实现资源的有效共享、信息的有效传递，也只能通过信息集成来达到。

从政府信息集成来看，政府信息化管理的"根"在政府网格之中，政府信息流的整合与流通有赖于"网格化管理"的框架。网格化政府管理平台是信息集成技术系统的核心和依托，是业务流、信息流贯通、流转和存储的载体，是政府信息运行的环境支撑。只有以"网格化"模式为载体来整合并集成信息，以信息流调控人流、物流，才能实现政府管理的信息化、人性化、法制化和透明化。

首先，政府信息集成的目标是达成信息资源的互联互通和开放式存取，其"动作"必须在一定的系统内运行。而网格化管理系统正是信息资源集成的载体。由于网格化管理很好地将信息技术与政府管理相结合，通过一个平台，实现了管理资源的"一体化联动"，具有主动发现、及时解决、定量分析、综合评价的功能，是推动政府管理模式创新的根本途径。信息集成技术应用的最大绩效，就是通过网格理念及其管理模式的引进，使政府管理达到两个方面的目的：一是使政府管理中的责任机制获得有形载体的支撑，提升了管理效率；二是通过技术手段打破了条块责任分割，缓和了体制矛盾。

其次，信息集成作为信息化技术运用的新手段，它必须依赖于政府网格化管理模式才能实现政府管理全过程信息的实时传递与处理，实现技术支撑体制、体制保障技术应用的良性互动；支撑对传统政务流程的优化再造；支撑管理方式的精确、敏捷；使之成为信息时代电子政务支撑政府创新的产物。而且实践也证明了信息集成只有在政府网格化管理的模式中才能最大限度地提升党的执政能力，建设服务政府、责任政府、法治政府的信息技术优势。

最后，政府管理通过信息集成所形成的资源共享需要各个政府职能机构在网格化管理平台上进行高效率的协同管理。而要改变现存的政府管理体制中的条块分割、建立协同工作的模式，就必须实现网格化管理。因此，建立协同型的政府管理模式是对现有的政府管理模式的冲击。所谓业务域中的信息共享，是指在政府网格的前提下，突破了现有多个政府部门自行其是的模式的结果。信息集成的技术手段只能在一定程度上解决部门内的流程再造，而协同式管理是在跨职能团队的形式中进行的。例如，城市突发事件的管理就不是一个部门能够独立解决的，需要多个职能机构组建团队（例如消防部门、医疗部门），高效率地进行协同联动式管理，这个跨职能团队就是一个业务域。业务域划分是针对城市管理中每类事件，它超越了现存的组织机构，建立对应的跨政府机构管理的业务域，只有通过网格化管理模式来完成。所以，业务域的信息资源共享只能依赖于形成统一有效的网格化管理大系统。

（二）政府网格化管理中信息资源集成的原理

政府网格化管理的内涵是把管理内容划分为部件和事件，把管理范围划分成以万米网格为最小管理单位，明确管理的标准和流程。建立相应的组织保障体系，配置先进的信息化技术手段和设备，形成科学、开放的管理系统，通过网格的信息集成，建立主动发现问题、主动解决问题的机制，提升城市管理的能级和水平。

政府网格化管理中信息资源集成作为政府创新的形式远远不同于传统意义上的政府条理化改革。它更加关注政府机构内具有关联的信息系统互联，并对政府机构和流程的整合提供支持。

作为电子政务改革的重要一环，技术的进步，为政府网格化管理中信息资源集成提供了包括方式和需求的转变。它既可以看作是在政府层面上，也可以看作是跨政府层面。欧盟认为，政府网格化管理中信息资源集成的几个核心领域有以下几点。

一是为公众提供有效率和效益的公共服务。这些服务应该建立在电子信息技术的高效使用及公众高满意度的基础上，同时它们亦应该对政府机构的管理和企业工作量的减轻有所帮助。

二是为公众和企业提供具有影响的关键性服务。它们包括泛欧盟采购流程，该流程使用统一的平台进行交易。

三是建立关键性授权方式。它们应包括推动电子政府之间的交互、促使电子签名能够使用、电子鉴定的有效管理。

网格化管理中信息资源集成的核心问题是前、后台系统的一体化。即前台实现一体化服务，后台实现一体化运作。而一体化的关键必须建立在网格化后台系统、横向及纵向集成的基础上。

所谓后台系统是能够为前台系统提供服务的系统。它是一个提供包括资金、人力资源、信息技术、管理支持、法律服务、便捷性管理、公共服务、经济、信息交流的综合性平台。一个典型的网格化管理的后台系统是"VITAL. org－中心"项目，该项目由新加坡政府于2006年设计完成，这一系统实现了为有需求的公众和企业提供跨政府机构的金融流程服务，以及人力资源服务等功能。

VITAL. org－中心（隶属于新加坡财政部，该中心项目主要是为行政管理人员服务的）项目的意义在于，它是第一个使用现代的信息技术，对信息和业务流程进行整合的系统。这一系统通过对后台信息资源集成的方式，在一定程度上实现了政府职能的重组。这种集成的效益是显而易见的，它大大地削减了政府机构的办公费用，提升了政府工作效率，令前台的公众服务质量也获得了极大的提升。

纵向集成包括管理部门层级之间的连通。它既包括单一职能的整合，也包括多种职能的整合。纵向整合的一个典型案例是，地方政府和中央政府对其辖区的金融和税务系统的整合。

横向集成包括跨机构、多项职能的整合。这种整合或者是跨多个机构对某一类职能进行整合，或者是国与国之间某一种职能的整合，抑或是多个机构的多项职能整合。横向整合的典型案例是，人口地理信息数据库的构建。这需要地方和中央政府、公众、私有和国有企业、第三部门的积极参与。

无论纵向集成还是横向集成，都应体现一个思想：整合不应该考虑边界。即无论是职能与职能之间、机构与机构之间，还是国家与国家之间，整合都无处不在。

区别横向和纵向集成的目的是定义整合项目的范围。其实纵向和横向集成之间的区别是相对的，而且这种差异并不总是固定存在的。例如，政府机构之间教育文件通过信息集成所形成的数据库，对于中央政府教育服务机构—地方政府教育服务机构—学校三个层级所连通的信息数据链来说就属于纵向集成；对于地方政府教育服务机构—地方政府教育服务机构、学校—学校所连通的信息数据链则属于横向集成（见图2－1）。

政府机构在实施信息资源集成时，常常会发现：范围与集成的成功概率成反比。集成范围越大，其后台系统在整合中必会为系统附加越多的职能，致使集成过程将需要涉及越多的组织机构。然而，无论是纵向集成（政府不同层级之间的相互关联）还是横向集成（跨机构、组织、国家间的职能整合），都会包含着一些不可知的风险和挫折，而组织机构的增加，则意味着风险和挫折的增大。虽然技术保障为横向和纵向集成提供了可能性，但是太多非技术因素影响着这种可能性的实现，特别是人员因素等。因此，大多数成功的后台系统的整合都是在小范围内实施，仅仅包括某一项职能的横向集成或者是某一个机构内的纵向集成。

但是，这并非说明，一项小规模的网格化集成，其成功率就必定高于

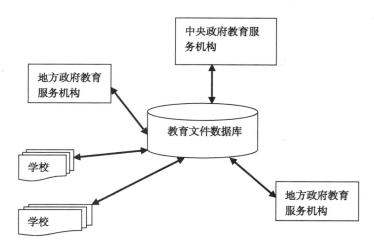

图 2 - 1　教育文件数据库信息集成实例

较大规模项目的成功概率。事实上，一项集成计划的成功主要取决于需求方、整合的深度和宽度、人员对于变革的理解和适应能力、项目整合所需要的技术与方法、流程。其中的核心问题是如何管理变革的思路与计划，而不是如何管理技术。这一经验教训是由全球主要的集成实践中总结得到的，特别包括一些信息技术较为先进的国家，在这些国家中，即使是大规模的政府职能集成，其成功的案例也远远少于失败者。

影响政府网格化管理中信息资源集成的驱动因素既可能在策略层面，也可能是实际运作的需要。

信息资源集成的一个驱动要素来自于对于共同策略目标的认知。比如，在人力资源策略管理方面，多数政府机构通常在招募员工方面都具有相同的需求。这一需求就为政府部门间在员工招募职能上，提供了集成的推动力。一个较为典型的实例是，在英国政府实施的改善和推动政府机构改革计划中，在地方政府职员的招募方面，为求职者提供统一的登录平台（网格化的招募信息集成系统）。统一的登录平台既为潜在的求职者提供了便捷的访问窗口，以及向求职者发送关于职业介绍的相关信息，又为政府提供了一个经济、快捷的招聘职员的管道。这一系统既节省了广告费用，又能以最为便捷的方式向求职者提供求职材料（求职者只需要在政府机构指定的网址下载所需的信息），同时还能够在系统前台接受和处理求职申请。这就极大地提高了政府的效率，减少了政府工作量。

同时这一驱动因素也可能来自于实际运作的需要。例如，政府需要处理大量各类福利申请者的表格，类似的问题对于大多数政府机构来说，是经常需要面对的。通过提供数位图处理的方式，此类工作将变得较为简单。整个新的处理方式如下：手写的表格被扫入计算机，被转化为电子格式，再由专门的集成软件将处理后的文件转换为电子文件。通过这种系统后台信息集成的方式，就为相关政府机构实施前台在线提交打下了坚实的基础。

（三）政府网格化管理中的信息资源集成的建构

网格化管理应用到政府管理的具体实践，形成了政府网格化管理模式。20 世纪 80 年代以来，改善政府管理成为一项引起国际社会关注的全球运动。政府网格化管理是在不改变现有行政体制基础上，按政府管理业务的过程重组业务的流程，在信息技术的支撑下从政府管理结构、功能、运行机制等方面进行集成，形成业务导向驱动的条块整合模式，使其具有现实性和可操作性。

要实现以政府网格化为突破口的政府综合管理和公共服务目标，信息资源集成必须有利于动态掌握监测、管理和服务对象现状及变动情况；有利于城区综合管理多层面、多专业集成，通过整合协调，发挥它们的整体效能；有利于为城区综合管理和公共服务决策、运作提供全面、准确、有价值的参考依据；有利于城区综合管理主体与客体之间双向沟通，符合促成良性互动的要求。

从上述四个"有利于"出发，在网格化管理中的信息资源集成的总体思路如下。

从中国政府网格化管理的实际出发，信息集成应站在不断满足市民群众基本生活需求、构建社会主义和谐社会、加强党的执政能力建设的高度，以"群众得实惠、管理出实效"为基本价值取向，通过条块联手、整合资源、再造流程、强化监督，建立职责分明、操作有序、管理到位、执法有力、监督及时的政府管理长效信息运行机制，全面提升政府网格化管理效率；并按照"管理有序，执法有力，监督有效，服务优良"的要求，建立政府信息集成系统，实现城区管理对象、城区管理过程、城区管理决策的数字化，实现政府职能中发现、派遣、处置、监督、评价的责权分离，从而进一步推进政府综合管理运作新模式和工作机制的切实转变。在基本不改变现行管理体制、不增加政府机关管理人员编制的基础上，大力推进政府信息综合管理的"三化"。

一是以基层为基础，形成政府信息综合管理网格化。以增强基层信息资源集成能力为重点，把政府综合管理的工作重心向街道、小区基层下移，使政府综合管理运行中的作业、服务和专业管理、综合执法及其监督信息全部实行网格化、全覆盖，使政府综合管理工作与市民群众的生活更加贴近，真正夯实城市管理的基础。

二是以部门为单位，实现政府综合管理信息集成化。以现代化信息技术为支撑，建立以部门和街道为单位，包括部门、事件、作业（服务）、管理、执法责任单位元、工作流程在内的城区综合管理数据库，开发用于政府综合管理监督的信息多功能专用工具，着力提高政府综合运行管理的科技含量。

三是以条线为依托，完善政府综合管理规范化的信息流。通过政府部门内与部门间信息整合，进一步完善政府信息流程，促进政府部门职能转变，由此推进政府综合管理的市场化运作机制，真正为市民提供优质高效的服务。进一步完善政府信息的"四个环节"［即政府综合管理中的作业（服务）、管理、执法、监督等四个信息环节］，由此组成政府网格化管理的综合体系，从而真正形成政府综合管理的长效机制。

在政府网格化的信息资源集成建构中，需要解决的基础前提是信息识别系统的构建。信息识别系统的构建是以目录服务集成展开的。

第一，通过目录服务集成项目的实施，建立统一的人员信息平台，规划了人员信息使用方案，使得人员信息能够在不同系统之间得到有效统一应用。目录服务集成的目的是在组织的系统之间链接身份信息。特定的用户数据片段通常属于不同的系统。例如，员工身份数据常常驻留在人力资源系统中，而客户数据则驻留在客户关系管理系统中。目录服务可以为特定的用户身份数据片段选择权威的信息源，如通过员工电话号码选择人力资源系统，或者为客户的联系信息选择客户关系管理系统。如果对这些权威数据源的任何内容进行更改，就会造成对访问特权的更改，而这些更改将会立即反映在网格内的各个系统中。目录服务为未来的应用集成、业务信息集成、流程集成、信息门户集成打下了良好基础。

第二，目录服务集成可以实现用户信息的集中管理。它将所有的应用程序、数据库和目录链接在了一起，其中包括人力资源、电子邮件和操作系统。这些资源连接起来以后，可以为所有身份信息选择一个权威信息源。在大多数网格系统中，一般均由"人力资源系统"充当集中管理的角色，对人力资源数据所做的任何更改都将立即在组织内的所有系统中得以体现。

第三，目录服务集成还可以为整个网格系统提供保护。目录服务集成提供的用户信息验证能够有效地同 PKI 等个人身份验证有机统一起来，形成在不同层次的应用安全体系。

第四，目录服务集成提供了跨平台的数据集成服务，这些数据集成服务可以将系统环境中的所有新的和遗留下来的应用程序、数据库及目录链接在一起。这意味着可以通过操作更新所有系统范围内与通用身份相关的信息，消除多余的管理任务。

第五，为员工提供自助服务。目录服务集成提供了自助服务解决方案。利用这些解决方案，用户可以通过作为身份信息源的安全入口，自己维护某些信息，如口令和电话号码等。如果某位用户更改了其身份信息，则将同步在整个系统范围内实现更改。这种自助服务的方法令使用者更方便，同时减少了 IT 员工之间的相互干扰。

在政府网格化的信息资源集成建构中，其中心是梳理政府网格化管理的业务流程。业务域是指一个相对独立的管理机构所承担或负责的主要的业务活动的集合。业务域包括许多业务过程，每个业务过程包括许多业务活动。业务活动是管理业务分解后不可再分的业务单元。业务流程梳理是在政府管理业务域划分的基础上，进一步实行业务域中的信息流程梳理。业务域之下应规划具体的信息业务流程，在每个划分好的业务域中也详细梳理各个业务信息流程。例如，政府应急管理业务域中应包括火灾应急流程等。

从整体而言，实现业务域信息流程的梳理，信息资源的集成应致力于下述工作。

一是应用数据存储与备份技术搭建 SAN 结构信息管理平台，并利用网格地图技术，实现政府管理区域的精细划分，创建政府管理创新的地理空间体系。

二是利用地理信息编码技术，实现政府管理对象在管理区域中的有序、精确定位，并利用 GISO 技术，实现图文一体化的协同工作应用环境。

三是利用 GPS 技术，实现管理区域的道路畅通和管理对象的准确定位，并利用 RS2 技术，获得城市遥感图像信息，实现政府管理信息可视化。

四是利用数据仓库技术，建设政府管理数据库群，实现海量数据整合，并利用数据融合、挖掘技术，将政府管理对象按照不同时期、不同重点任意分类、组合，实现政府管理对象的专项普查和政府管理评价体系数字化。

五是利用工具化技术，实现政府管理各业务部门间的实时、动态、多人员的协同处理、并联工作并实现政府管理各类信息在线更新和维护。

六是利用信息安全技术，构建信息平台的安全保障体系，为应用系统的运行保驾护航。

总之，政府网格化管理只有建立在信息资源集成的基础上，才能实现高效率的、主动式的、协同型的政府网格化管理模式。突破现有政府传统管理的条块分割模式，建立基于政府网格信息共享的跨部门政务协同模式；并在各级政府管理信息共享的前提下建立起长效的管理机制，实施协同型的网格化管理，这正是网格化管理依托于信息资源集成的精髓所在。

第三章

政府网格管理中信息资源集成的理论与实践

信息资源集成理论溯源于科技创新理论、组织行为理论和系统管理理论三个方面。

科技创新理论的肇始可追溯至美籍奥地利经济学家约瑟夫·熊彼特于1912年在其著作《经济发展理论》中所提出的"创新理论"。他认为，"创新是指把一种新的生产要素和生产条件的'新结合'引入生产体系"，这种创新的本源驱动力并非外部强加而来的，而是从内部自行发生的变化所引起的。此后，迈尔思（Myers）、库珀（Cooper）、罗斯威尔（Rothwell）等人继承并发展了熊彼特的创新理论，研究了创新与市场结构、组织规模等方面的关系。至20世纪60年代，由于新技术革命的迅猛发展，技术创新在创新活动的地位日益增强。这一时期，埃弗雷特·罗杰斯提出了著名的创新扩散理论，他认为创新扩散受创新本身特性、传播管道、时间和社会系统的影响。20世纪80年代前后，多西（Dosi）、弗里曼（C. Freeman）、纳尔逊（R. Nelson）等经济学家在更广的范围内开展了技术、组织、制度、管理、文化等方面的综合性创新研究，并提出了集成化创新的"国家创新体系"的概念。进入21世纪，信息技术推动下知识社会的形成及其对创新的影响进一步被认识，科学界进一步反思对技术创新的认识，创新被认为是各创新主体、创新要素交互复杂作用下的一种复杂涌现现象，是创新生态下技术进步与应用创新的创新双螺旋结构共同演进的产物。

系统管理理论是在一般系统理论的基础上发展而来的，一般系统理论认为系统是由相互联系的部分或成分组成的，系统是元素集成的结果，集成是构造系统的基本活动。20世纪50年代后，卡斯特（F. E. Kast）、罗森茨韦克（J. E. Rosenzweig）和约翰逊（R. A. Johnson）等，将一般系统理论应用到组织管理之中，运用系统论和控制论的理论和方法，考察组织结构和管理职能，寻求普遍适用的模式和原则，以系统解决管理问题。由此，系统管理理论得以形成。系统管理理论认为组织是由人、物资、机器等其他资源按照一定的目标组成的一体化系统，而构成组织的各要素之间彼此联系、相互作用，并共同影响组织的整体发展。总体来讲，系统管理学派较为系统地分析了系统哲学、系统分析、系统管理三者之间的关系，并对组织和管理的系统模型及系统管理中的各项管理职能进行了研究，使系统思想在管理中得到了更为深入的应用。

组织行为理论起源于以乔治·埃尔顿·梅奥为代表的人际关系学派，其核心在于通过对人、群体、组织之间的行为进行合理安排，以实现人、群体、组织相互之间的有机集成，从而有效地实现组织的目标。它主要包括三个彼此联系、相互作用的研究层面，即个体行为研究、群体行为研究和组织行为研究。

一　政府网格化管理与信息资源集成的理论

笔者通过文献调查法对万方、维普、Emerald 等中英文数据库进行了文献检索，对国内外学者的相关研究成果进行了初步的整理、分析。

从总体上看，关于信息资源集成的文献数量较多，尤其侧重信息管理的实施控制，模型和方法的研究；关于政府网格化管理主要以实践为主，但比较偏向于具体技术和流程的论述，系统性、综合性研究比较少。

（一）政府网格化管理

1. 网格化城区管理

网格化城区管理就是城市各个执法、行政、管理和公共服务等部门以其自身的辖区为基本行动单位实现网格化，并依据各司其职、规范运作、快速反应、依法管理、优势互补的原则，将各网格内的行动人员的联系、协作、配合、支持等内容以制度的形式固定下来，以实现本城市内各种管理信息的快速交流和执法资源的充分共享，其目的是提高整个城市管理的效益。例如，巡警在网格内进行例行巡察工作时，对涉及交通、治安、市容市貌、环境卫生等方面的知识具有宣传、教育和协助管理的义务，对违法违章的现象负有举报、举证的责任。2012 年，上海市已广泛开展了网格化城区管理机制，并取得了良好的效果。

2. 网格化市场监管机制

网格化市场监督管理将工商所管辖区域划分为若干网格，巡查干部对责任区的经济户口承担管理责任，从根本上保证了经济户口监管到位。信用监管的网格化使行政执法力量从静态资格监管转向动态行为监管，从主要对企业登记事项进行监督检查，转向重点打击企业失信行为，提高了监督管理的整体水平和效能。[①] 例如，北京市工商行政管理局信用监管系统实施"经济户口"记录，即全面整合登记和监管数据。它记录了静态和动态两种信息，其中静态信息包括身份信息、良好信息和各种不良信息，诸如登记信息、年检信息、商标信息等；动态信息包括进行日常检查，以及行使商标、广告、合同、公平交易等监管职能时产生的各种信息。在拥有了这一系列的企业信用信息之后，再借助统一的内部信息网络平台将分散于各业务子系统的企业登记和监督记录进行汇总和整合，就打破了传统的单个部门各自为政的监管弊端，形成了各业务部门集中统一综合监管的局面，为提高信用监管效率奠定了良好的基础。

"经济户口"记录的数字化和电子化是实施网格化市场监管的前提条件和关键所在，也是促进政府职能转变的客观要求。以北京市海淀区为例，一个干部职工不足 20 人的工商所所管辖的市场主体有近万户，若是按照传统的监管模式对辖区内的所有市场主体进行全面有效的管理是极为困难的，而采用网格化市场监管则能够根据经济户口所提供的详细信用信息，按照各自不同的信誉级别和风险类别，分别采取程度各异的监管措施，这样大大提高了市场监管的效率和效益。

3. 劳动保障网格化监察

"网格化监察是以街道为单位，划分为若干个管理区域，区域之间互连形成网格，劳动保障监察以网格为单位，责任到人，实行目标管理。"[②] 它是 2003 年 8 月上海市在卢湾区、虹口区试点的基础上，于 2004 年上半年在上海市全面推行的一种网格化监察机制。

为解决监察力量不足的问题，上海市对社会管理资源进行了整合，充分利用小区保安劳动监督分队的力量，将劳动保障监察队伍与小区保安劳

---

① 罗文阁：《信息化建设助力监管创新提高市场监管水平》，中国人民大学出版社 2006 年版，第 215—216 页。

② 杨桦：《上海劳动保障监察网格化管理初显长效优势复杂性科学探索》，民主与建设出版社 2006 年版，第 1—30 页。

动监督分队进行有机搭配，即实施每两名监察大队专职监察员负责管理一个街道区域内的四块网格，而劳动监督分队的每两名监督员则负责管理一块网格的工作机制。随着监察机制的不断完善和监察范围的扩展，网格化监察已融入了外来劳动力管理的内容，为新增就业岗位提供了高效的配套工作。2011 年在卢湾区，"企业户籍卡"的动态管理已可以直接在劳动局局域网上实现。而 10 人以下用人单位的劳动管理情况已动态地进入了劳动保障监察的视野。

事实证明，网格化监察大幅度地提高了参加年检的企业数量，它不仅将监察的触角延伸到所有形式的经济组织，还实现了动态地掌握企业用人信息，整个劳动保障监察工作焕发出勃勃的生机，充分体现了劳动保障监察长效机制的优势。业内有关人士认为，上海的网格化监察，有效地解决了长期以来一直困扰着各级政府和劳动保障监察机构的难题，即劳动保障监察队伍有限与监察覆盖面不断扩大的矛盾得以化解。

4. 网格化巡逻防控管理

为了有效打击犯罪和防止恐怖主义的袭击，北京市公安局构筑了网格化巡逻防控体系，即通过对全市参与社会面巡逻防控的多层次、多警种的力量进行统一的组织与整合，使全市形成一个由四个层次（小区、派出所、分县局、市局）、七种力量（专业巡警、派出所巡逻民警、交警、武警、联防、保安、协管员）构成的社会动态巡控网络体系。同时，还对全市参与社会面巡逻防控工作的各种力量进行分时间、空间和综合性统计分析，为各种潜在的犯罪活动布下了天罗地网。

北京市公安局根据时空控制的特点，建立了一个将巡逻防控工作专业数据和全市地理信息数据有机融合的信息软件应用系统。这个系统以 GIS 技术为基础，通过电子地图对巡控网络的各类构成要素（诸如巡区、巡逻段、巡逻车分布、堵卡点、岗亭、必到点、重点目标、交通枢纽、水电热气、复杂场所、繁华街区等）进行实时监控。同时，对全市巡控网络的构成进行时间、空间及综合性统计分析，有针对性地加强对高发案时段和高发案地区的巡逻防控工作。

（二）信息资源集成

由于信息资源管理的目标和归宿都是进行信息的集成，因此针对信息资源集成，众多学者也做了相应研究。

　　集成理论的形成得益于系统科学的发展，而系统科学在解决系统复杂性问题时又离不开信息集成的思想。从 20 世纪 40 年代起，国外的众多系统科学研究学者们的研究成果使得人们认识到复杂性是普遍存在的[①]，综合运用多种知识和方法是解决复杂性问题的有效手段。早在 20 世纪 70 年代末，钱学森就开始关注复杂性问题，并在 90 年代为处理开放的复杂系统问题指出了思路，即运用"定性与定量相结合的综合集成方法"[②]。这为后人继续研究集成问题奠定了一定的基础，同时也具有重大的启示意义。刘晓强在《集成论初探》中探讨了集成论的研究对象、研究内容、研究方法及研究范畴等基础性问题。而成思危则从复杂科学管理角度对集成技术进行了较深入的探讨。[③] 海峰、李必强、冯艳飞对广泛存在于经济和社会组织中集成现象分析的基础上，探讨了包括集成的内涵、集成单元、集成模式、集成接口、集成条件、集成环境等集成理论的基本范畴。[④] 国内外系统科学领域的研究成果为集成问题的研究提供了理论与方法的基础和指导。

　　在管理学界，最早体现集成思想的著作是由社会协作系统学派的代表人物切斯特·巴纳德于 1938 年所写的《经理人员的职能》一书。在该书中，他将社会系统看作是两个或更多人的观点、力量、要求和思想的协作，认为相互作用是协作系统形成的根本原因，并明确提出"高级人员的任务，是在一个正式的组织内努力经营和维护好一个协作社会系统"。社会系统学派的代表特里斯特（E. L. Trist）从技术系统的角度指出，要解决管理问题必须处理好社会系统和技术系统之间的关系，二者需相互协调。因为，管理的效果除了依赖社会系统以外，还受到所处技术环境的影响。著名经济学家熊彼特在《经济发展理论》中认为，创新包括技术创新和制度创新两大方面，并提出在创新过程中要重视技术与管理相整合的思想。70 年代中期以后，迪隆（Dillon）、多西（Dosi）、厄特巴克（Utterback）等人则进一步研究了企业组织、决策行为、学习能力、营销及内

---

　　① 苗东升：《系统科学精要》，中国人民大学出版社 1998 年版，第 215—216 页。

　　② 钱学森、于景元、戴汝为：《一个科学新领域——开放的复杂巨系统及其方法论》，《自然杂志》1990 年第 13 卷第 1 期。

　　③ 成思危：《复杂科学与管理，复杂性科学探索》，民主与建设出版社 1998 年版，第 1—30 页。

　　④ 海峰、李必强、冯艳飞：《集成论的基本范畴》，《中国软科学》2001 年第 1 期。

外部因素相互作用对技术创新的影响，指出提高企业技术创新效果的关键在于合理协调上述各种要素的匹配关系，发挥协同作用。[①] 至此，集成思想在技术创新管理中变得逐渐明朗起来。随着纳尔逊与温特（S. Winter）的创新进化论的提出，弗里曼等学者进行了更大范围的综合性创新研究，从而大大促进了创新管理的集成化；而休斯（Hughes）等学者则对技术和制度共同进化问题进行了深入探讨，这些都表明集成的思想和方法已在科技管理的实践中得到了广泛的应用和推广。20 世纪 80 年代初，麦肯锡提出了 7 - S 管理体系，他将管理中的策略、结构、技术、人员及共有价值观等因素综合为一个有机合一的系统，表现了他充分发挥整体功效的集成思想。罗伯特·A. 伯格尔曼和伊夫·L. 多兹在《战略集成的力量》一文中对战略集成的形式及其实施进行了探讨[②]。卡明斯（Cummings）在《组织发展与应变管理》中指出，要取得应变的成功，必须妥善处理组织内各系统之间的相互关系。查尔斯·M. 萨维奇（Charles M. Savage）则在《第五代管理》中，从组织与管理的角度对集成的概念进行了精辟的剖析，展现了未来知识型企业集成组织管理模式的基本思想。彼得·德鲁克在《新型组织的来临》（*The Coming of the New Organization*）中，将未来组织比作一支交响乐队，突出集成组织内各要素（或子系统）的自律性、责任感和自组织性，尤其强调了组织管理的集成性特点等。

在国内，自钱学森于 20 世纪 90 年代提出综合集成是处理开放的复杂巨系统的有效方法的论断以来，众多管理领域中的学者对集成问题的研究进行了广泛而深入的探讨。李天和等在《设计集成管理系统》一文中，"探讨了集成管理系统的设计问题，强调将行之有效的方法组合在一起以适应特殊环境的重要性"[③]。华宏鸣探讨了实现现代化集成的技术手段、管理手段、基本组织形式等问题，并指出，企业管理的发展趋势是现代化集成。胡继灵、李必强则系统地探讨了制造系统管理集成的理念、基本原理、理论框架等问题。龚建桥等"从科技企业研发角度提出了集成管理

---

① 张宣三、俞恒：《资本主义经济管理理论的发展》，中国社会科学出版社 1982 年版，第 10—55 页。

② Robert A. Burgelman, Yves L. Doz, "The Power of Strategic Integration", *MIT Sloan Management Review*, Vol. 42, No. 3, 2001, pp. 28 - 38.

③ 李天和、D. Walden：《设计集成管理系统》，《工业工程与管理》2000 年第 3 期。

的模式"①。傅家骥"从技术创新角度提出了合作创新的各种模式是资源、功能的互补、互惠的集成思想"②。刘丽文"从生产管理的角度提出了制造资源集成的过程"③。李必强、胡树华、向佐春、史金平、胡继灵、海峰等"从知识集成、生产过程集成、产品创新、价值工程、组织集成等不同角度探讨了管理集成的内涵、机理、理论框架等"④。管理领域中的集成思想为政府信息资源管理研究提供了重要的方法论启示；同时，管理集成的理论和方法体系的逐步成熟也为政府信息资源管理研究提供了直接的理论基础。

在信息资源管理领域的形成和发展过程中，集成的思想很早就频仍地出现在信息资源管理理论的各种论述和探讨之中，而信息资源的集成管理问题也受到众多学者的高度重视。综观信息资源管理理论中关于集成和集成管理问题的论述，有关集成观的研究主要集中在两个范畴。

一是信息资源管理的基本理论范畴。其主要表现为强调信息资源管理的综合性，即集成性。较有代表性的观点和论述如下。美国学者 F. W. 霍顿于 1985 年在《信息资源管理：概念与案例》一书中指出，"信息资源管理是一个集成的概念，它融不同的信息技术和领域为一体，这些技术和领域包括管理信息系统、记录管理、自动数据处理和电子通信网络等。这些领域和职业在 20 世纪 60 年代、70 年代是相互隔离和分散的，但它们必定会重新聚合在一起"⑤。史密斯（A. N. Smith）和梅德利（D. B. Medley）在《信息资源管理》一书中指出，"信息资源管理比管理信息系统复杂得多，它可能被认为是整合所有学科、电子通信和商业过程的一种管理哲学"⑥。德国学者 K. A. Stroctmnan 认为，"组织的信息资源管理是信息

---

① 龚建桥、朱睿：《科技企业集成管理研究论纲》，《科研管理》1996 年第 3 期。

② 傅家骥：《企业重建与技术创新》，《科技潮》1998 年第 8 期。

③ 刘丽文：《生产与运作管理》，清华大学出版社 1998 年版。

④ 李必强等：《管理集成探讨》，《中国管理科学》1999 年（增刊）；海峰、李必强、向佐春：《管理集成论》，《中国软科学》1999 年第 3 期；李必强：《现代制造系统与管理集成》，《科技进步与对策》1999 年（专刊），第 33—34 页；海峰、李必强、冯艳飞：《集成论的基本范畴》，《中国软科学》2001 年第 1 期。

⑤ F. W. Horton, *Information Resources Management: Concept and Cases*, Cleveland: Association for Systems Management, 1979.

⑥ A. N. Smith, D. B. Medley, *Information Resource Management*, Cincinnati: Southwestern Publishing, 1987.

内容、信息系统、信息基础结构构成的三位一体结构，并实现了管理过程与信息过程的统一"。① 英国学者博蒙特和萨瑟兰提出，"信息资源管理是一个集合名词，包括所有能够确保信息利用的管理活动"。② 并且对信息资源集成管理的范围及其依从关系进行了分析和描述。在国内，孟广均等学者在《信息资源管理导论》中指出，信息资源管理是由多种人类信息活动所整合而成的特殊形式的管理活动，它一般被认为是一个集成领域。符福垣则认为，信息管理学的研究对象是特定的社会信息管理系统。卢泰宏在其著作《国家信息政策》中指出，信息资源管理是一种集约化管理，并提出了信息资源管理的三维框架。他认为，"信息资源管理是三种基本信息管理模式的集约化，即信息技术的技术管理模式、信息经济的经济管理模式和信息文化的人文管理模式的集约化"。③ 岳剑波则从学科的角度指出，"信息资源管理是信息科学和管理科学相互渗透、作用而形成的综合性交叉学科，研究对象的广泛性和复杂性决定了其研究内容的集成性"。④

二是信息资源管理的方法和技术范畴。其主要特征就是从技术或方法角度强调集成或集成管理的重要性与必要性。美国信息系统专家诺兰在其提出的数据处理发展模型中"揭示了信息管理在企业中的两个时代、六个阶段的发展历程，明确地指出集成阶段是两个时代的转折点，正是技术的集成化利用使信息管理从强调技术管理的计算机时代进入到强调资源管理的信息时代"⑤。C. 伍德认为，"信息资源管理是信息管理中几种有效方法的综合，它将一般管理、资源控制、计算机系统管理、图书馆管理及各种政策和规划方法结合起来使用"。⑥ W. O. 马德克（W. O. Maedke）则"从企业角度认为，信息资源管理是企业中管理各种相互联系的技术群以

① K. A. Stroetmann, *Information Management for Information Service Economic Challenge for the 90's*, Berlin: Bibliotheks institut, 1992, pp. 8 – 23.

② J. R. Beaumont, E. Sutherland, *Information Resources Management*, Oxford: Butterworth – Heinemann, Ltd. , 1992: 55.

③ 卢泰宏:《国家信息政策》，科学技术文献出版社 1993 年版，第 68 页。

④ 岳剑波:《论信息管理学的进化》，《中国图书馆学报》1998 年第 3 期。

⑤ Richard I. Nolan, "Managing the crisis in data processing", *Harvard Business Review*, Vol. 57, No. 2, 1979, pp. 115 – 126.

⑥ C. Wood, "The IRM perspective", *Computer World*, Vol. 17, No. 17, 1983, pp. 11 – 17.

使信息资源获得最大利用的艺术和科学"①。马钱德和克雷斯林对组织中"信息孤岛"的问题进行了探讨，指出必须对信息技术实施集成管理，并构建了信息资源集成管理的模型（见图 3 - 1）②。

图3 - 1　信息资源集成管理模型示意图③

美国学者赫尔曼·R. 霍普林（Herman R. Hoplin）认为应对技术的变化，在组织中集成先进的信息系统和信息技术是十分必要的。1996 年，约翰·伍德（John Ward）和帕特·格里菲思（Pat Griffiths）在《信息系统战略规划》一书中提出了一种信息环境模型，"据此指出实施信息资源集成管理是唯一选择，并认为其关键在于确定信息资源的汇聚点"④。芬兰学者赖曼·索阿米（Reima Suomi）研究了信息资源管理的八种范式，认为"任何单一的管理方式都不足以有效地管理信息资源"，⑤ 并在书中指出了它们的集成点。J. C. 亨德森（J. C. Henderson）和 N. 文卡塔拉曼（N. Venkataraman）则从战略角度，提出了"战略匹配模型，对信息/通信技术与业务战略的集成进行了探讨"⑥。美国学者 Kirsch（劳里·基尔希）与 Sambamurthy（山姆巴姆斯）从集成实现的角度探讨了信息系统发

①　谢阳群：《信息资源管理》，安徽大学出版社 1999 年版，第 3—40 页。

②　D. A. Marchand, J. C. Kresslein, "Information resources management and the public administrator", J. Rabin, E. M. Jackowski Eds, *Handbook of Information Resources Management*, New York：Marcel Dekker, 1988, pp. 395 - 456.

③　Ibid. .

④　John L. Ward, Pat Griffiths, *Strategic Planning for Information Systems*, San Francisco：John Wiley & Sons, 1996.

⑤　Reima Suomi, "Eight Paradigms of Information Resource Management", Arto Suominen Eds, *Johtaminen Murroksessa - Management in Transition*, Turku：Turku School of Economics and Business Administration, 1996, B - 1：pp. 203 - 226.

⑥　J. C. Henderson, N. Venkatraman, "Strategic alignment：leveraging information technology for transforming organizations", *IBM Systems Journal*, Vol. 32, No. 1, 1993, pp. 4 - 16.

展过程的集成框架。而 Nezlek（内扎莱克）、Jain（简能）、Nazareth 等美国学者则探讨了企业计算机基础结构设计的集成方法，提出了使企业获取和表达信息需求并将之转化为企业计算机基础结构的动态集成模型。新加坡南洋理工大学的 Singh 对组织中新建的信息系统与遗留信息系统的集成问题进行了探讨。美国学者 H. 比德古立（Bodgoli）则对 DSS、ES 的集成进行了研究。英国学者斯特灵（Stirling）、彼蒂（Petty）及特拉维斯（Travis）以 ERP 为基础，探讨了企业各种信息系统集成的实现方法①。库马尔（Kumar）和帕勒瓦（Palvia）对"发展全球经济信息系统过程中，信息系统中的数据或信息组织与管理的集成问题进行了探讨"。

在国内，马费成等在著作《信息资源管理》中指出，只有运用系统论的观点，把各种信息活动要素按一定原则加以配置并组成一个信息系统，才能使信息要素的价值得到真正的体现。王延飞等在《更新观念，重构管理——对信息管理发展的思考》一文中，基于对 CALIS 的分析指出，为了全面实现信息管理，必须以集成信息环境为目标。霍忠文则"从信息服务的角度，对信息集成服务管理的理论与实践进行了较系统的探讨，并提出了信息集成服务体系逻辑结构"②。霍国庆在《企业战略信息管理》中，提出了三位一体（即信息技术、信息资源、信息体制）的战略信息管理的集成过程，并构建了基于信息集成的战略管理模型；同时，他对信息功能、信息系统、信息资源等的集成问题及它们之间的关系进行了深入的研究，并指出信息资源集成是企业信息集成管理的核心和目标。石双元、张金隆、蔡淑琴"从战略、模式预方法等方面对企业信息资源集成管理的相关问题进行了探讨"③。董福壮和罗伟其在《信息集成技术及其发展（综述）》一文中从"信息集成技术的角度探讨了异构系统的集成问题，并从技术角度提出了信息集成过程模型"④。耿建光等从信

---

① Mark Stirling, David Petty, Leigh Travis, "A methodology for developing integrated information systems based on ERP package," *Business Process Management Journal*, Vol. 8, No. 5, 2002, pp. 430 – 446.

② 霍忠文：《信息集成服务管理论要》，《情报理论与实践》2000 年第 1 期。

③ 石双元、张金隆、蔡淑琴：《企业信息资源集成管理的若干问题》，《计算机工程与应用》2001 年第 3 期。

④ 董福壮、罗伟其：《信息集成技术及其发展（综述）》，《暨南大学学报》（自然科学与医学版）2001 年第 22 卷第 5 期。

息集成过程的管理角度，给出了"基于角色和规则的程控方法"①。何全胜等则在《信息集成若干方法的比较》一文中"从信息集成的实现角度，对 TSIMMIS、IM 等信息集成方法进行了比较和研究"②。刘宝坤等"对 Intranet 平台下企业内部信息集成的方法进行了研究，探讨了利用 JBDC 技术实现 MIS 与 Intranet 的集成问题"③。史亚巍、杨晓春等探讨了虚拟企业信息集成的实现技术、模式及应用问题。张成洪、李斌等则对互联网环境下的企业信息及信息系统的集成技术问题进行了研究。姚磊和张志军等从信息流的角度对企业信息集成的实现问题进行了分析。而张继焦则从虚拟企业的角度对企业内外信息流的重组问题进行了探讨。

（三）政府信息资源集成

经过文献检索，笔者发现，在政府信息资源管理研究领域，我国学者更多地使用"信息资源整合"一词，用"整合"作为检索词得出的文献数量（158 篇）也大大多于用"集成"作为检索词得出的结果（46 篇），而专门探讨政府信息资源集成管理的文献只有 10 篇左右，且多囿于技术领域。然而，不管是"政府信息资源集成"还是"政府信息资源整合"，其具体的研究内容都属于信息资源集成管理这个大的概念范畴。经过笔者粗略分析，文章的研究内容主要可以分为如下主题。

着眼于分析政府信息资源集成（整合）管理的现状及存在问题，探讨政府信息资源集成（整合）管理相关概念、内涵、内容、必要性及策略。麦瓦迪指出，世界范围内各组织都面临着信息集成整合的考验，一是整合遗留系统（Legacy System）数据的需要；二是需要集成第三方或战略伙伴系统数据到本系统中；三是需要对分散的数据源的数据进行分析④。美国产业咨询委员会（IAC）向 OMB 递交的报告《交互操作战略：概念、

①　耿建光等：《企业信息集成系统中的过程管理》，《计算机集成制造系统》2001 年第 7 卷第 12 期。

②　何全胜等：《信息集成若干方法的比较》，《暨南大学学报》（自然科学与医学版）2001 年第 22 卷第 3 期。

③　刘宝坤、申亚芳、李阳：《基于 Intranet 平台的企业内部信息集成方法的研究》，《工业仪表与自动化装置》2001 年第 2 期。

④　A. Marwadi, *Ontological Semantic Integration Model*, University of Missouri - Kansas city, 2002.

挑战和建议》① 中指出："政府是信息技术最大的用户，估计每年有 500 亿美元用于投资 IT，其中有相当大的一部分用于遗留系统的维护开发支持，大部分投入不是为了系统的协同工作，我们的系统和数据库被构建成仓筒式的结构，政府所面临的最大挑战之一是使这些系统交互操作和共享信息。" 英国政府的交互操作框架 e – GIF（e – Government Interoperability Framework）中指出 "联合的政府需要联合的信息系统"②。拉姆·温认为影响电子政务成熟度的一个关键因素便是集成，他从战略、技术、政策与组织 4 个方面总结了影响电子政务集成的 17 个障碍，并指出电子政务的集成不仅仅是信息技术集成，决策者们更应该关注信息战略规划和变革管理③。穆恩认为不同网络环境、多重分散的操作系统、不同的数据库管理系统、不同的数据格式、不同元数据方案、不同的术语和本体、不同的领域和不同语言、不同的字符集、不同的检索系统、不同信息发布方式、系统重复、条块分割及与信息发展相左的管理者理念意识，使得政府信息一方面在快速增长，另一方面由于缺乏相应的管理机制，政府发布在 Web 上的信息也在快速消失④。

　　在我国学者中，贺军⑤分析了政务信息资源整合本身的复杂性、"信息孤岛" 现状、"条块分割" 的管理体制及落后的管理方式等因素对政务信息资源整合的影响。王佩⑥对我国电子政务中信息资源的建设与整合存在的问题进行了研究分析，以信息资源的共享和集成为基本出发点，提出了整合政府各部门各系统的信息资源，形成一个互通有无、互相补充、方便用户的信息资源共享体系结构。商晓帆⑦从 "信息孤岛" 的概念分析入手，提出电子政务信息资源整合是解决 "信息孤岛" 的重要之举，并对整合的机制

　　① Industry Advisory Council, "Interoperability strategy: concepts, challenges and recommendations", http: //xml. coverpages. org/IAC – Interop. pdf.

　　② "e – Government Interoperability Framework Version 6. 1", http: //www. govtalk. gov. uk/documents/eGIF%20v6_ 1 (1). pdf.

　　③ Wing Lam, "Barriers to e – government integration", *Journal of Enterprise Information Management*, Vol. 18, No. 5, 2005, pp. 511 – 530.

　　④ W. E. Moen, "Introduction to GILS", *The third annual GILS conf*, 2001.

　　⑤ 贺军:《电子政务信息资源整合的障碍分析》,《现代情报》2007 年第 2 期。

　　⑥ 王佩:《电子政务信息资源的建设——电子政务中信息整合研究初探》,《散装水泥》2003 年第 6 期。

　　⑦ 商晓帆:《电子政务信息资源整合与信息孤岛》,《现代情报》2008 年第 6 期。

进行了分析。苗地、商晓帆①从整合的概念出发，分析了我国电子政务信息资源发展的状况，指出电子政务信息资源整合是政府信息资源有效利用的最佳方式，但在整合的过程中要注意规避一些问题。盖玲②论述了电子政务信息资源建设的现状，提出对电子政务信息进行整合的设想，并构建了电子政务信息整合的模型及进行政务信息整合建设中的要点问题。王德欣③对电子政务信息资源整合的含义、电子政务信息资源整合的必要性及实现信息资源整合所具备的条件进行了探讨。崔凤生④探讨了政府信息资源整合对于政府决策的作用。周毅⑤探讨了电子政府信息资源集成管理的意义、内涵、内容和工作思路。陈勇跃⑥对我国电子政务中政府信息资源管理出现的主要问题——"信息孤岛"、IT黑洞作了分析和阐述，从硬件和软件两个方面的信息资源整合对解决"信息孤岛"问题进行了阐述，提出了信息资源整合的宏观规划并阐述了电子政务信息资源整合中电子政务标准建设的重要意义。阎严⑦⑧认为，集成管理是消除部门间的"信息孤岛"、实现政府信息资源的跨部门共享的有效措施。政府信息资源的集成管理涉及管理主体、信息技术、信息资源及信息战略四个层次的集成，该模式的有效运作离不开内部激励机制和外部约束机制的有机结合，可从目标、需求、利益、投资和法律等五方面入手制定其运作机制。

　　着眼于政府信息资源集成（整合）管理的技术实现，探讨政府信息资源集成（整合）管理的技术方法、技术手段及系统实现。政府信息资源集成（整合）管理涉及很多方法和技术。国外学者特别注重于有关政府信息资源集成（整合）管理方法和技术的实务性介绍。以日立综合计划研究所编著的《电子政府》为代表，白井均等学者通过对美国联邦政

①　苗地、商晓帆：《对电子政务信息资源整合的理性认知》，《现代情报》2008年第4期。

②　盖玲：《基于电子政务的信息资源整合》，《现代情报》2005年第12期。

③　王德欣：《电子政务环境下信息资源的整合与共享》，《临沂师范学院学报》2006年第1期。

④　崔凤生：《信息资源整合在政府决策中的作用分析》，硕士学位论文，吉林大学，2007年。

⑤　周毅：《电子政府信息资源集成管理研究》，《情报理论与实践》2004年第3期。

⑥　陈勇跃：《电子政务信息资源整合研究》，硕士学位论文，武汉大学，2005年。

⑦　阎严：《政府信息资源集成共享中的利益驱动效应研究》，硕士学位论文，电子科技大学，2007年。

⑧　阎严：《论政府信息资源的集成管理》，《情报杂志》2007年第2期。

府、州政府的信息资源管理的建设，欧盟成员国的信息资源管理建设及亚洲各国的电子信息资源管理的经验进行总结，推导出构筑成功信息资源管理的必要条件，提出适合日本国情的信息资源管理建设 26 项提案①。这类著作重点探讨政府对信息资源管理建设的规划，如何适应不同国情寻找合适的信息资源建设途径，以及不同国家电子信息资源管理的比较研究。② 如果说上述的实务性研究主要是在国家这个宏观层面，那么必然还有微观层面的实务性研究。政府信息资源管理微观层面的实务性研究注重数字鸿沟（digital divide）现象在微观层面的分布，尤其是如何保证特殊群体在信息化社会中适应的问题。更进一步说，政府信息资源管理微观层面的实务性研究侧重于保证特殊群体在政府信息资源使用上的社会公平问题，如 K. V. 艾克斯特（K. V. Echt）对老年人可视化信息资源的研究③。总的来说，政府信息资源管理实务性方面的研究侧重于实际问题的描述和解决，其学科基础涉及行政学、信息管理学、伦理学、社会保障学，甚至医学等不同学科中的内容，因此，在理论建构上很难成为一个系统的整体。西方国家，尤其欧美国家的诸多学者对政府信息资源管理的关注，实际超出了对政府信息资源这一现象的描述，而更多关注政府信息资源本身所具备的某些政治潜质。具体而言，是对政府信息资源所依赖的各种信息技术的政治潜力进行逻辑上的推理，进而得出对未来政府发展中的某些推测。这使政府信息资源的研究实际演变成了两种不同的视角。一是数字民主（digital democracy），即探讨信息技术对民主的影响及实现民主理想的工具设计。作为人类追求的民主理想——直接民主，信息技术提供了实现这一理想的技术基础，同时信息技术本身也具有破坏民主的技术潜力，正如巴里恩·黑格（Barry N. Hague）在《数字民主》一书中所分析的，"计算机与信息技术既不是治疗现行民主制度中存在的各种弊病的良药，

---

① ［日］白井均等：《电子政府》，陈云、蒋昌建译，上海人民出版社 2004 年版，第 1—7 页。

② Martin Eifert, *National Electronic Government – Comparing governance structures in multi – layer administrations*, Routledge, 2004.

③ K. V. Echt, "Designing web – based health information for older adults: Visual considerations and design directives", Researchgate: http://www.researchgate.net/publication/245893172_ Designring_ Web – Based_ Health_ Information_ for_ Older_ Adults_ Visual_ Considerations_ and_ Design_ Directives.

也不是形成强势国家的先兆"①。二是电子治理（electronic governance），即探讨信息化社会中的治理问题。应当说，治理理论本身是属于行政学理论中的一个分支，因此电子治理的研究视角在某些部分与行政学视野下的电子政务研究是重合的，同时也有不太一致的地方。电子治理更为关注的是政府的权力结构的变化、公民如何参与以提高电子民主的程度等议题，这些关注点在行政学视野中则探讨得较少。

　　在国内，寿志勤、陈文②通过对元数据和目录服务特点的分析，并结合元数据和目录服务的优点，构建了一个政府信息资源集成管理框架。王宁③基于 E－R－P（实体—关系—问题）知识表示理论创建了一种面向整合的信息资源系统描述模型，将电子政务中的信息资源整合作为一项系统工程，利用系统科学的思想、理论与方法，对信息资源整合的建模方法与实现进行研究。政府门户网站是实现政府信息资源整合的重要手段，黄萃④运用信息资源管理的流程分析方法，辅以公共管理学的研究范式和工具，构建了基于门户网站的政府信息资源整合应用模型。康虹、王敏⑤通过对政府信息网站的现状及存在的问题进行分析，提出了利用知识管理理念对政府网络信息资源整合的概念模型、功能模型与软件模型。聂志强等⑥⑦提出了应用本体技术进行面向语义的信息集成的电子政务系统模型 EG Ⅱ。周九常、高洁⑧讨论了知识管理与电子政务信息资源价值提升的关

① Barry N. Hague, *Digital Democracy: Discourse and Decision Making in the Information Age*, London and New York: Routledge, 2002, p. 21.

② 寿志勤、陈文：《基于元数据和目录服务的政府信息资源集成管理框架研究》，《电子政务》2007 年第 7 期。

③ 王宁：《电子政务中信息资源整合的建模方法与应用研究》，博士学位论文，大连理工大学，2005 年。

④ 黄萃：《基于门户网站的电子政务信息资源整合机制研究》，博士学位论文，武汉大学，2005 年。

⑤ 康虹、王敏：《从知识管理视觉整合政府网络信息资源的模型》，《情报杂志》2006 年第 5 期。

⑥ 聂志强、李信利：《基于本体的电子政务信息集成研究》，《微计算机信息》2007 年第 6 期。

⑦ 聂志强：《电子政务信息集成中本体的自动生成技术》，硕士学位论文，山东大学，2006 年。

⑧ 周九常、高洁：《基于知识管理的电子政务信息资源整合》，《情报科学》2006 年第 24 卷第 11 期。

系，认为信息资源整合是电子政务知识管理的一个重要基础，然后提出统一的政府信息资源中心是电子政务信息资源整合的目标，提出了电子政务信息资源整合的措施。方广铨[1]介绍了在电子政务系统的现实环境中，通过多层的集成模型设计的整体的政务信息集成平台，对不同的系统提出了其整合的方案，分别从表示层、应用集中层、逻辑结构层进行集成，从而解决系统分散、资源无法整合的问题。曹高辉[2]提出了实施电子政务信息集成来解决现阶段电子政务的一些问题，根据信息集成的深度分别对数据集成、应用系统集成、业务流程集成及信息集成进行了分析，提出了一个电子政务信息集成的理论模型，并对电子政务信息集成过程中所应用到的核心技术，如 Web Service、XML、复制技术、消息技术进行了介绍和分析。曾文、张德津[3]提出了基于 GIS 的市政管理信息动态集成方案；采用多层体系结构，通过对市政设施和业务信息的筛选、过滤和综合，形成市政综合数据仓库，通过分布式一体化动态管理机制保证数据的现实性和完整性，利用数据挖掘技术进行分析和预测。胡冰[4]认为市政管理信息具有分布式的特征，采用基于 J2EE 架构的市政管理信息集成，能提供一个多层次的分布式应用模型，解决市政信息的集成问题和分布式管理，有利于保持市政管理各数据库的一致性、数据的动态更新和维护。

（四）国内外研究的不足及原因

综上所述，网格化管理作为一种新型政府管理模式，受到各级政府的关注，也被纳入到众多专家、学者的研究视野中，全国很多地方政府也相继开展了多项实践，然而从国内外研究现状来看，还存在一些需要继续深入探讨的问题，主要表现在以下几个方面。

第一，在信息资源管理过程中，尽管大家都认识到"集成"的重要性，但多数专家学者对"集成"的认识还停留在感性层面，缺乏对"集

---

① 方广铨：《政务信息集成系统和数据交换系统的设计和实现》，硕士学位论文，吉林大学，2006 年。

② 曹高辉：《电子政务信息集成研究》，硕士学位论文，华中师范大学，2005 年。

③ 曾文、张德津：《基于 GIS 的市政管理信息集成方案及关键技术》，《地球科学（中国地质大学学报）》2006 年第 31 卷第 5 期。

④ 胡冰：《基于 J2EE 的市政管理信息集成研究》，《现代商贸工业》2008 年第 20 卷第 1 期。

成"本身的深层次认识，如对集成的内涵、原理、规律等问题的探讨尚不够深入。

第二，在政府网格化管理的实证研究中，大多探讨的是某些局部性的信息集成问题，并且偏重于管理流程、组织机构的职责划分方面；虽然也有部分作者意识到信息资源集成的重要性，但也只聚焦于信息资源本身，没有将其融合于政府网格化管理的整体之中；另外，从专业化研究体系来看，目前的研究尚处在起步和探索阶段，大多数的研究都较为单一零散，还缺少对政府网格化管理下的信息资源集成问题进行系统、全面而深入的研究成果。

第三，从当前的研究成果来看，大多数研究都集中于微观与宏观层面，中观层面的研究甚少，这使研究在一定程度上缺乏对政府网格化管理实践的具体指导，也就限制了对信息资源集成的基本机理、模式等在学理上的厘清。另外，研究主要集中在技术和实现层面，因而不利于政府网格化管理中信息资源集成的理论升华。

二　中国地方政府信息资源集成的实践

2008 年年底美国 IBM 公司提出"智慧地球"概念，这一概念引发了全球新信息化的浪潮，欧美各国、日本、韩国、中国等纷纷将物联网发展上升为国家战略，抢占世界经济版图制高点。在国内，北京、上海、杭州等地纷纷启动智慧城市建设，力图在未来的智慧城市建设浪潮中赢得先机。而智慧城市的建设也成为各地社会管理中信息资源集成的主要推动力。信息资源集成也成为智能城市建设的核心内容之一。

（一）宁波市

自 2011 年以来，宁波市扎实推进"网格化管理，组团式服务"工作，2013 年 3 月，全市已划分网格 1.1 万个，确定网格管理员 1.5 万名，并组建了各类服务团队 1.2 万余个，成员 15.34 万人，开展了组团式、订单式多元化服务，初步形成了"管理到户，服务到人"的工作格局。

1. 加快推进信息基础设施建设和信息安全工作

提高智慧城区支撑能力，充分发挥政府的引导与扶持作用和运营商的主力军作用，加大信息基础设施投入和建设力度，实现基础设施能级较大幅度提升。强化信息安全基础防御体系,夯实信息安全保障基础,切实提升信息安全保障能力。

重点推进项目:

(1)推进"光网城市"建设。加快光纤到户建设,建设高速、融合、安全的宽带接入网络,为智能城区应用系统建设、经济社会发展环境和居民生活质量提升提供网络基础设施保障。基本完成江东区域光纤到户改造,光纤宽带覆盖达到10.4万户,光纤到户率达95%以上。

(2)推进"无线城市"建设。加强政府的支持和协调,充分发挥三大运营商作用,继续推进3G/4G无线宽带网络建设,加快无线局域网建设,无线局域网覆盖医院、商场、车站、学校、酒店等重要公共场所,并对政府机关、企业、商务楼宇、主要道路等覆盖进行优化。推动重点公共场所市民免费上网工程建设。

(3)推进"三网融合"建设。加强三网融合的组织协调,推进各运营商之间的业务融入。加快光宽带网络建设,全面提高网络技术水平和业务承载能力,实现网络资源的高效利用。落实属地管理要求,加强安全监管。

(4)推进信息安全基础建设。进一步加强信息安全检查与风险评估,做好信息安全应急预案与管理,强化区域公共信息安全设施建设与信息安全保障。加强部门间的协调,共同推进全区等级保护工作。

2. 加快推进政府政务数据中心和基础信息共享工程建设

增强信息基础资源的整合和共享能力以推进集约化建设、强化资源整合、促进共建共享为目标,重点推进政府信息资源共享与交换平台等基础性信息化项目,提高信息基础资源利用率。

重点推进项目:

(1)推进政府信息资源共享与交换平台建设。整合公安、财政、规划、统计等当前各部门的业务系统,构架电子政务信息资源共享数据库和城区公共信息数据库,将各个跨部门、跨组织的应用构建在信息交换平台之上,解决各部门、各组织间应用的数据交换、数据共享、应用集成、协同工作等问题,促进城区建设、管理精细化、科学化水平,初步形成统一的基础应用数据库。

(2)推进信息资源基础数据库建设。按照《2012年宁波市加快创建智慧城市行动计划》要求,配合市级部门着力推进人口基础信息系统、法人单位基础信息系统、自然资源和空间地理基础信息系统等基础信息共享工程建设，做好信息资源共享和交换的子平台建设和相关准备工作。

3. 加快推进面向城市管理与服务的智能应用工程建设

提高城市管理和公共服务水平，积极推进面向城市管理与服务的智慧试点工作，突出重点亮点，稳步推进试点，重点保障市级延伸项目。重点推进一批起步较早、推进较好、水平领先的工程，提高项目整体效益，探索智能城市应用工程建设模式、积累建设经验。

重点推进项目：

（1）推进智能健康试点项目建设。根据宁波市卫生局《2012 年智慧健康保障体系建设工作要点》的要求，重点推进区域卫生信息平台的搭建，建设区卫生信息数据中心及区域医疗信息交换与共享系统，满足区内医疗机构之间，以及与市级卫生数据中心医疗卫生信息交换与共享的需求；拓展健康档案数据采集途径，完善全科医生移动体检、计划免疫、妇儿保等业务条线数据对接；建立健康管理服务体系，通过居民健康管理系统及数据辅助决策分析系统实现健康管理服务；完善区域医疗协同体系建设，实现区域疾病监测与防控、区域影像、区域药品流通、区域智能协同诊疗等区域协同业务系统的应用与管理；提升医疗机构内部信息化水平，改造宁波市第六医院、眼科医院临床信息管理系统，东柳、福明两家小区卫生服务中心建设数字化小区卫生服务中心，以及一批方便群众就医的便民利民信息化项目，改善医疗服务环境，提升医疗服务质量与效率。

（2）推进智慧社会管理试点项目建设。根据《宁波市基层社会管理综合信息系统项目推广工作方案》的总体部署，按照基础信息、日常工作、事件处理、考核评估、视频集成、远程交流、系统管理及个性化功能为一体的"8＋X"功能模块，加快推进系统建设，规范系统管理，逐步构建起管理信息实时采集、管理措施实时跟进、管理成效实时体现的智能社会管理综合信息系统，打造各级党委、政府和基层组织一体联动的社会管理综合信息平台，提升社会服务管理工作水平。

（3）推进智能城管试点项目建设。在前阶段智慧城管建设的基础上，继续完善各类视频、车载、单兵系统设备的运用和协同调试，确保信息发送、收集的稳定性和精确度，加大智能城管信息管理的覆盖面。不断完善考核机制，探索引入第三方专业机构，对城市管理工作进行分类考核，提升智慧城管考核的专业性、科学性和公开性。进一步提升处置能力，将更多的处置队伍纳入到智慧城管平台之中，增加可调度的资源，完善各协同单位、街道处置队伍与局属力量的协同配合的机制，进一步提升工作效率。

（4）推进智慧公共服务项目建设。以"87150000"企业公共平台作为打造"智慧服务"品牌的核心载体，利用信息技术整合政府、市场和社会的服务资源，为中小企业发展提供高效服务。以宁波市江东区为例，平台的服务对象为江东区1.4万家企业，尤其是大量的中小微企业。通过平台热线、短信、咨询系统、QQ群、网上接待室等多种现代化实时通信模式，收集企业反映的各类问题；通过平台难题流转解决机制，多渠道解决企业难题；通过平台"服务企业创一流"风采展台考核监督机制，确保企业难题解决效果和效率。以完善的"收集问题—解决问题—考核监督"流程，充分发挥平台释疑解惑、解难帮困、信息传递、情感沟通等各项服务功能，将"87150000"打造成全区企业的81890求助热线和企业困难的一站式处理平台。

（5）推进智能信用试点项目建设。搭建"政府领导、部门联动"的信用信息管理体系，整合集中各职能部门的信用信息数据，建设一个完整、准确、权威的企业信用信息数据库，实现各职能部门信息共享、信息共采、集中管理，为各级政府部门的各种应用系统提供标准的企业信用信息。由于系统投入大、涉及面广，该系统项目建设将分2012年、2013年二期实施，稳步推进。为降低成本和投入，中心数据库以工商地税数据库为基础，中心数据库服务器放在区信息中心，各前置机由各部门自行配置。2012年建设分两个阶段，上半年为第一阶段，首先实现宁波市企业基本信息数据库中落地的数据作为征信系统建设的数据基础，建设企业征信数据库。下半年为第二阶段，重点整合工商、统计、国税、地税、发改等部门关于企业信用的信息，逐步构建起可供共享的企业信用信息数据库，实现资源共享和动态更新，加强政府对企业的综合监管和公共服务。

（6）推进"科技强检"信息化、党委系统信息化、网络核心设备升级等19项市委、市政府各部门信息化项目的建设，提高各部门管理效率和公共服务水平。

4. 加快面向产业发展的智能应用工程建设

促进"两化"融合和经济转型升级，围绕区域"六大经济"发展，积极搭建载体，做好试点工作，培育一批企业，抓好示范项目。

重点推进项目：

推进智能物流试点项目建设。以宁波国际航运服务中心为依托，以宁波航运交易所投入运营为契机，整合航运物流产业优势，推进智能物流项目建设，培育形成一批智慧物流服务企业。提升物流信息技术公共服务平台服务功能，加快推进"物流新干线"网站、《宁波航运手机报》改版。支持航运龙头企业开发智慧物流项目，重点支持金辉江海物流以干散货协同配载为主要功能的"船货网"正式上线。加快达升物流 EDI 平台（运单查询、仓库查询和货物追踪系统）的推广应用。

5. 加快推进智能产业基地培育工程

提高新一代信息技术产业发展水平。通过政策扶持、智能应用项目带动、项目引进、示范基地认定、公共服务平台建设等途径，加快培育智能产业基地，努力提高新一代信息技术发展水平，培育经济新的增长点。

重点推进工作：

（1）推进智慧产业试点建设。充分发挥宁波的区位优势和政策扶持效应，依托和丰创意广场、东部新城、抽纱三厂等资源优势，吸引和集聚一批具有较大规模和较强创新能力的软件和信息服务企业，打造一点多园式的智能产业基地。计划通过税收扶持、房租减免、平台搭建等方式，重点在和丰创意广场打造集软件设计、信息技术、互联网运营等机构为一体的智慧产业集聚区，2012 年集聚企业近 10 家，专业办公人员 300 人，实现产值 1.5 亿元。加大信息化在制造业中应用推广力度，通过信息化试点、信息化示范项目的推广，推进信息化和工业化的融合，促进企业管理信息化、生产自动化、产品智能化、商务电子化。

（2）推进智慧孵化试点建设。2012 年投入 400 万元经费对创业中心大楼进行了维护建设，提升基础设施智慧化水平，实现创业中心大楼无线宽带 WiFi 覆盖，建立信息化的服务大厅和信息化的网络服务平台。充分发挥江东科技创业中心的集聚优势，依托科技创业中心大楼资源，积极培育本土中小软件和信息服务企业，重点孵化智慧产业相关企业，搭建智慧成果孵化公共服务平台。以市场为主导，以科技金融、政策扶持为支撑，以信息网络和创新人才为纽带，整合产业化所必需的各种资源，构建市场经济条件下的智慧成果孵化体系。不断创新孵化服务，努力提高服务水平，为企业营造良好的发展环境，通过五年努力，计划吸引和孵化相关企业 15 家以上，力争毕业企业 5 家以上（年产值 300 万元以上）。

（3）加强产业引进合作。积极开展以智能城区建设为主题的国际国内合作交流活动，以重大智慧应用体系建设为载体，着力加强与国内外知名 IT 企业的合作。充分发挥政府财政资金的引导作用，以智能产业基地为载体，着力引进有影响力的重点合作项目，做好一批企业落户服务工作。鼓励高校、科研院所、著名 IT 公司来建立研发中心，加强总部建设，提高引进、消化、吸收、创新的能力。

（二）北京市

作为全国的文化中心及高等人才聚集地，北京有着天然的"软件优势"，其信息基础设施建设名列全国前茅，拥有中关村这样的科技腹地，全国顶尖的一流学府多半聚集在首都，为智慧城市的发展做好了充足的人才输送准备。

2012 年 3 月，北京市人民政府发布了《智慧北京行动纲要》，提出了城市智能运行行动计划、市民数字生活行动计划、企业网络运营行动计划、政府整合服务行动计划、信息基础设施提升行动计划、智慧共享平台建设行动计划及应用与产业对接行动计划、发展环境创新行动计划八大行动计划。各计划相对应的试点示范工程包括：

（1）以居住证为载体建立全市联网、部门联动的实有人口信息系统。

（2）推广车辆智能终端、不停车收费系统（ETC）、"电子绿标"等智能化应用。

（3）推广智慧电表、智慧水表、智慧燃气表和供热计量器具，形成智能的电力、水资源和燃气等控制网络。

（4）建设城市安全视频监控网络。

（5）推广"市民卡"（包括社保卡和实名交通卡等），使市民能持卡享受医疗、就业、养老、消费支付等社会服务。

（6）推动"三网融合"，建设城乡一体的高性能光纤网络，实现光纤到企入户，覆盖全市各小区（村）。

（7）推广电子商务应用。

（8）提高首都之窗网站群、政务服务中心、政府服务热线等多渠道、多层级联动集成服务能力。

（9）建设全市统一的传感终端网络、政务物联数据专网、无线宽带专网及物联网安全保障体系。

（10）推动建设一批"智慧北京"体验中心、示范小区（村）、示范企业和示范园区等等。

社会服务管理网格化，是构建网络化社会服务管理体系和健全格式化社会服务管理运行机制的新举措，简单来说，就是网络化服务、格式化管理。

1. "网格化"是北京的创新，几年来已在全市开花结果

2004 年，东城区实施万米单元城管网格管理办法。2005 年，国家建设部和北京市委、市政府分别下发文件，在全国、全市推广东城区经验，有力推动了城市管理精细化水平的提升。近几年，结合社会服务管理创新工作的开展，东城区又将城管网格延伸扩展成社会管理网格。无论是城管网格化还是社会管理网格化，东城区都有开创之功。

2010 年 7 月，北京市印发《北京市社会服务管理创新行动方案》，推出 40 项创新措施，其中包括确定在东城区、朝阳区、顺义区开展以网格化为重点的社会服务管理创新综合试点工作。例如，朝阳区突出信息的全方位采集，突出指挥和监督双轴制衡，突出服务管理功能全面发挥，突出条块协同与部门联动，着力构建全模式网格化社会服务管理体系。

西城、海淀等区与密云县也结合实际积极开展了网格化试点工作。例如，西城区在德胜街道试点，建设一个数据中心，打造社会服务、社会管理两个信息平台，构建"全响应网格化社会服务管理体系"。又如，密云县构建"一网建设、两级指挥、四级服务管理、6 + N 类力量整合"的工作格局，将所有社会服务管理内容"一网打尽"，将所有职能部门和社会力量整合到网格，初步形成"县镇指挥、部门履责、社会协同、多元参与"的新格局。

2. "网格化"实质上是构建社会服务管理信息化、智能化运行系统

为了表述方便，我们把城管网格化叫"老网格化"，把社会服务管理网格化叫"新网格化"。"新网格化"无疑传承了"老网格化"的基本理念，但在近几年社会服务管理实践的发展中已有了质的飞跃："老网格化"仅限于市政管理，"新网格化"用于社会服务管理各项工作；"老网格化"重管理，"新网格化"服务管理并重，而且强调服务为先、在服务中加强管理、在管理中体现服务；"老网格化"管对象，"新网格化"服务管理所有人、地、物、事、组织；"老网格化"强调管理责任到"格"，"新网格化"强调服务管理责任既要到"格"还要到"网"，以"格"为

基础，以"网"为依托，以信息技术为支撑，以落实责任为核心，以整合力量、优化流程为重点，形成一个信息化、智能化社会服务管理体系和集约化、精细化社会服务管理运行机制。

2012 年，北京市委、市政府在全市全面推进网格化社会服务管理体系建设，是推动社会建设方式方法创新的重大战略举措，是将现代化信息技术运用于社会服务管理领域。

3. 汇"人、地、物、事、组织"于一身，不另起"炉灶"、不搞"两张皮"

网格化社会服务管理体系建设的目的是构建"精细化管理、个性化服务、多元化参与、科学化运转"的社会服务管理工作体系和运行机制。基本原则：一是全面覆盖、无缝衔接，努力做到全区域、全天候、全模式、全响应、立体化社会服务管理；二是重心下沉、触角延伸，条块力量到"格"、服务管理进"网"；三是整合力量、协调联动，信息整合、职能整合、力量整合、工作整合，基本不打破现有体制，尽可能不增加机构编制，不另起"炉灶"，不搞"两张皮"，全面统筹协调，条块有机结合，上下互相连通，横向互相联动；四是落实责任、强化监督，把社会服务管理的单位、人员、任务、责任落实到网格，形成责任体系，把技术监督、工作监督、社会监督落到实处，形成督促检查、核查回馈工作机制；五是因地制宜、注重实效，坚持从各区县、各街道乡镇、各小区实际出发，在遵循基本原则、统一规范基本标准的基础上，鼓励探索创新，在完成"规定动作"的同时，允许有"自选动作"，在实践中逐步总结完善。

4. 构建"一个网络系统、两级指挥中心、三级工作平台、四级信息支撑"

2012 年，北京市网格化社会服务管理体系建设的主要任务有四个。一是以"格"为基础。科学划分网格、明确工作责任、发挥主要功能，做到管用有效。网格划分以现有小区为基础，可以一个小区一格，也可以一个小区多格，关键是方便工作、方便群众。网格工作的主要职能是收集基础信息、反映群众需求、发现报告问题、排查化解矛盾、协助解决问题、动员公众参与。随着实践的发展和工作的深入，将逐步扩展工作职能、搭载工作内容。二是以"网"为依托。建设一个科学的网络系统，充分发挥区县、街道（乡镇）两级指挥中心作用，搭建区县、街道（乡镇）、小区三级工作平台，发挥市、区（县）、街（乡）、小区四级信息支撑作用。三是构建网络化工作体系。整合条、块和社会力量，按照工作职能、权限、责任，分类别到网格责任区服务管理，分层次到网络系统开展工作。四是健全格式化运行机制。逐步健全信息采集维护机制、问题源头发现机制、任务协调处置机制、分层处理机制、综合管理执法机制，形成"信息采集、源头发现、任务分派、问题处置、核查回馈"的闭合工作流程，达到"更清晰地掌握情况、更及时地发现隐患、更迅速地处置事情、更有效地解决问题"的工作机制。网络化社会管理服务体系建设的核心，是形成网络化社会服务管理工作体系、格式化社会服务管理运行机制，简单说就是网络化服务、格式化管理。

总之，构建网格化体系，是方式方法的革命。突破了传统模式，从主要依靠"人海战术"走向依靠科技手段，从"条块"分割走向资源整合，从粗放管理走向精细管理，从"运动式"管理走向制度化管理。

（三）南京市

近年来，南京市以建设服务型政府为目标，积极构建权力阳光运行机制，建立"全国领先、接轨国际"的市政务服务中心暨公共资源交易中心，并将网上虚拟政务大厅和政务服务物理大厅有机融合，构建了集成化、智慧化、人性化、阳光化的"智慧政务"服务平台，有力促进了政府职能转变和服务型政府建设。中心自2011年10月31日启用，截至11月12日，共受办理各类事项24.28万件（次），完成公共资源交易金额1075.22亿元，承诺事项平均办理时间由过去的8.65天压缩到6.46天，效率提升25.32%，群众满意率高达99.95%。

1. 建立"集成化"政务服务中心，实现公共资源交易中心与政务服务中心一体管理

按照"全国领先、接轨国际"的定位，建成2.8万平方米的市政务服务中心暨公共资源交易中心，进驻41个市级部门，设立155个服务窗口，集成120项创新成果，全市行政许可、非行政许可审批和公务服务事项全部进入政务服务中心统一受理。将行政许可、非行政许可审批和公共服务事项向一个处室集中，一个处室向服务中心窗口集中，并向服务中心派驻首席代表，负责本部门事项的受理和办理，确保事项到位、人员到位、工作授权到位。整建制进驻建设工程、交通工程、水利工程招投标和货物招标、政府采购、产权交易、土地矿产招拍挂等7个公共资源要素市

场，实行统一进场交易、统一平台运行、统一信息发布、统一专家抽取、统一收费管理、统一监察监管。319 项政务服务"同堂"办理，7 个公共资源交易市场"同场"交易，实现了投资项目审批与公共资源交易的无缝对接和"一条龙"服务，项目从行政审批到项目招标均在同一信息化管理平台上完成，行政审批驶上了"高速路"。

2. 建立"智能化"政务信息系统，实现"云政务"处理模式

引入"云计算"技术，建立政务信息数据库，打造"云政务"处理模式。在市政务服务中心设立 120 台网络交换机、5542 个信息点、700 台云终端，通过铺设的 400 公里长的网线，编织一张"智慧政务网"。中心将受理的相关行政许可、非行政许可审批和公共服务事项的办理过程和结果，公共资源交易的结果，法律、政策咨询的答复，投诉、举报的结果回馈等信息进行归集，全部存入基础数据库。基础数据库与权力阳光运行系统数据共享，将 41 个部门的 40 多个业务系统的事项受理、办理回馈融为一体，实现了政务服务事项"外网受理、内网办理、外网回馈、全程监察"的统一流程。结合全市简政强区县（园区）改革，进一步压缩、精简审批项目和审批流程，公开服务承诺，探索实行网上并联审批。结合权力阳光运行机制建设，大力推进政务服务向区县延伸，运用市政务服务中心综合管理系统，构建市、区县（园区）政务服务中心互联互通、信息共享和业务协同的平台，实现所有审批事项全部联网运行，形成全市统一的网络平台、统一的数据库、统一的技术支撑，打造全市"一网运行"的政务服务体系。

3. 建立"人性化"政务服务方式，实现政务服务便民利民惠民

在政务服务中心设立"云终端"，供群众查询政务公开信息。设立触摸式查询机，提供办事指南、窗口信息等智能引导服务。在"中心"全面覆盖无线网络信号，供社会公众免费上网。市民通过基于物联网技术设立的南京"市民卡"刷卡申请事项办理，轮到申办事项时系统短信提醒，并可利用"市民卡"进行缴费、购物、停车、复印等小额支付。对没有或忘带"市民卡"的，可以当场办理"临时卡"。办理事项时，市民通过"云终端"进入电子填单系统，填写申报事项的电子表单，通过网络将申报数据向"受理窗口"提交。材料不全，系统将打印《补正通知书》；材料齐全，系统将打印《受理通知书》。申办事项进入办理程序后，计算机自动记录办理时间，市民可随时查询办理状态。事项办结后，办事人员通

过窗口提供的平板计算机，对窗口工作人员进行"满意""不满意"的投票评价，测评结果自动录入绩效考核系统，供中心对工作人员、驻在部门进行绩效考核和评先评优使用。

4. 建立"阳光化"的服务监管机制，实现政务服务质量持续优化

成立市政务服务管理办公室，由市监察局副局长担任办公室主任，负责政务服务监督和管理。出台《南京市政务服务中心和南京市公共资源交易中心管理办法》，规范市政务服务中心和公共资源交易中心的管理和服务行为，对已经纳入服务中心集中受理的事项，窗口单位又在服务中心窗口以外受理的，由管理办公室责令其限期整改，整改不到位的，移交市行政监察机关实施问责。建立健全电子监察系统，对行政许可、非行政许可审批和公共服务事项实行全过程监察。建立以项目为主线的建设工程和货物招投标监管体系，项目立项后法律规定应该招投标的，凡不招、漏招的，发现后予以严肃查处。自主研发基于"物联网"技术的"收发件系统"，通过收发件系统和各部门的行政权力阳光运行系统进行对接，实现办理过程实时监控，办件过程全程留痕、可溯可查。在许可审批的关键环节设置 49 个电子监察监控点，对在中心受理的事项进行全过程网上跟踪监察。临近办理时限时，网上监察系统自动发出预警，督促加快办理速度。超过办理时限未完成的，系统自动把未办事项直接转到监控人员计算机桌面，并自动对履职不力的办理人员的绩效成绩进行扣分，行政监察人员同步开展调查，对违反法律法规或党纪政纪规定的，依纪依法严肃处理。

（四）佛山市

佛山提出"四化融合，智慧佛山"，是基于世界兴起的智慧浪潮、国内智慧城市的发展和佛山城市发展的特色及理性思考。2010 年，佛山人均地区生产总值达到 1.1 万美元，按照这一水平，佛山已进入工业化后期阶段或后工业化初期阶段，但从现阶段看，佛山整个经济却仍以传统经济为主体。因此，佛山现阶段不抓住时机转变经济发展方式，极有可能在下一轮的可持续发展中面临巨大障碍。陈云贤指出，转变经济发展方式，不仅仅是经济方面的工作，而且是佛山发展到现阶段的必然选择。转变经济发展方式，目标是建立现代产业体系。在这个过程中，除了优化产业结构，还要朝着"四化融合，智慧佛山"的方向努力。

通过近五年的努力，到 2015 年，佛山市信息技术已普遍应用、信息资源被合理利用、覆盖了整个社会经济领域的信息化体系基本完备；战略性新兴产业成为全市经济增长的"绿色引擎"和重要支柱；数字化、网络化、智能化、无线化成为市民生活工作的主要方式，"四化融合"已成为提高城市综合竞争力、实现经济社会可持续发展的重要主导力量，信息化总体水平达到了全国先进行列。

佛山市信息产业局局长周志彤表示，提出"四化融合，智能佛山"的目标、任务和发展路径，就是以信息化带动工业化，提高产业综合竞争力；以信息化提升城市化，增强城市发展竞争力；以信息化加快国际化，提高经济发展国际竞争力，从而促进经济发展方式的转变、城市管理方式的转变、社会生活方式的转变。把佛山建设成战略性新兴产业聚集区，"四化融合"先行地，宜商宜居美好家园。

"智能佛山"九大重点工程如下：

一是信息化与工业化融合工程。

二是战略性新兴产业发展工程。依托国家新型工业化产业示范基地和"3＋9"特色产业基地，重点主攻光电产业、新材料、现代信息服务业；以乐从镇国家电子商务试点为依托，打造电子商务现代服务区；以云计算和数据中心为平台，发展探索建立服务于"总部经济"建设的各类后台数据中心和技术支持中心，培育发展新型网络信息服务业。

三是农村信息化工程。

四是 U－佛山建设工程。紧密跟踪信息通信技术的发展，加快无线城市建设。

五是政务信息资源共享工程。加强企业信用信息网、市民健康信息管理系统、人口基础信息数据库等跨部门、跨区域的重点电子政务项目建设。

六是信息化便民工程。加快推动文化资源共享、数字卫生、远程教育、数字家庭、市民卡等重点便民信息化项目建设。推广市民卡项目，整合各类便民 IC 卡资源。

七是城市数字元管理工程。

八是数字元文化产业工程。以文化资源开发利用为核心，以信息技术为基础，依托骨干企业，培育有优势的数字文化产业。

九是电子商务工程。加快乐从镇国家电子商务试点建设，努力营造有利于电子商务平台发展的支撑体系、制度环境和市场环境，尽快形成示范效应，为国家电子商务发展提供有价值的参考。

（五）杭州市

近年来，杭州市根据人均地区生产总值突破 1 万美元，城市的社会建设和社会管理面临着许多新情况、新问题的实际，不断创新社会管理体制机制，充分发挥基层党组织和党员在服务群众、增进和谐中的战斗堡垒作用和先锋模范作用，形成了党组织领导、上下联动、区域协同、党员和群众参与，符合基层实际、体现服务为先、具有杭州特色的"片组户民情联系、区域化统筹服务"工作模式，实现了管理服务的全方位、全天候、全覆盖，取得了"暖民心、聚民心、稳民心"的良好效果。

1. 构建"横向到边、纵向到底"全方位覆盖的服务管理组织网络

规模宏大、组织严密、覆盖广泛的基层组织是我党丰富的组织资源，在加强社会管理、促进社会和谐方面具有先天的优势，起着非常重要的作用。

近年来，随着经济、社会迅速发展和城市化快速推进，非公有制企业和新社会组织、新行业、新领域不断涌现，杭州以创建发展强、党建强"双品牌"示范为抓手，着力向新领域覆盖、向新组织覆盖、向新群体覆盖，构建全覆盖的组织体系，夯实社会服务管理的组织基础。

2011 年杭州全市通过园区党建、楼宇党建、市场党建，已经实现了 12 个省级以上开发区、23 个文创园区、10 个人才创业园区、57 个工业功能区、212 个千万元以上地税商务楼宇、163 个亿元以上交易额专业市场的党组织全覆盖；通过条块结合的方法，已组建律师、注册会计师、劳动保障、道路运输、出租车、机动车维修、驾培、民营企业和个体劳动者、建设行业、建设评估等 10 个行业协会党委，覆盖各类社会中介组织近 5000 家、从业人员 28 万人；通过实施流动党员"安家工程"，近 5 年共找到流动党员 1.6 万多名，组建了流动党员党组织 330 多个。同时，还结合全市 42.2 万企业退休人员实行社会化管理工作，组建了 1700 余个退管小组党支部，使党组织的触角延伸到每一个有党员的基层单位。

2. 建立渗透到社会末梢的"片组户民情联系"服务管理责任体系

准确掌握民情是管理服务的前提，党员广泛参与是服务管理的基础，落实党组织和党员的责任是服务管理的保证。近年来，杭州积极探索

"联系无缝隙、管理无盲点、服务无遗漏"的"片组户民情联系"机制。

（1）建立基本架构。以小区、楼幢、巷弄为基础，以100—200户家庭划分"片"，由小区两委班子成员担任片长；以30—50户家庭为一"组"，由小区工作者、支部书记、退管小组党支部书记等担任组长；按照每人10户左右确定联系"户"，由小区干部、居民组长及党员骨干具体联系。全市共划分15007个片59540个组，联系居民家庭182.98万户。

（2）强化党员责任。街道党（工）委班子成员每月到联系的片、组走访不少于4次，入户不少于10家；担任片长的小区干部每月入户不少于15家；联系"户"的党员建立一户一档的走访台账，随时入户走访，做到家庭成员思想动态、就业状况、劳动技能、收入支出、迫切需求"五清楚"。

（3）完善工作机制。下发民情联系卡、建立住户档案、编印民情小报、开通民情服务热线，搭建"一卡、一档、一报、一线"的"四个一"服务联系平台；明确"问题收集、立案流转、限时办结、回访督查、综合测评"流程，建立"全员定责、排查定级、应急定制、办结定时、考核定绩"办事解难制度；通过集中检查、实地暗访、随机走访、入户调查等形式，建立督促检查机制。

3. 创设上下结合、多元互动、资源共享的区域化服务管理统筹格局

社会基层问题的特殊性、复杂性、多变性，决定了基层党组织在服务管理中要以系统的思维、统筹的方法，重视借助各种社会力量，整合各类社会组织资源。杭州市在实践中，充分发挥基层党组织在整合凝聚各类资源的核心和枢纽作用，积极引导和组织各种社会力量和各类组织资源共同参与社会管理，探索建立服务管理的区域统筹机制。

（1）统筹区域组织资源。推广党建共建工作代表会议制度、党建共建联合会等做法，完善基层党建工作联建共建机制，推行驻区单位党组织、驻区机关党员双重管理，理顺小区党组织与业主委员会、物业管理公司之间的关系，增强基层党组织对驻区单位、在职党员的整合功能，统筹开展区域内服务管理工作。

（2）统筹区域人才资源。根据区域资源，以街道干部、辖区党员、居民代表、楼道组长、志愿者为基础，吸收驻区力量，组建公共服务团队；按照专业特长，组织驻区单位医生、护士、行政执法人员、计生协管

员、外口协管员、助老协理员、保安员、律师、教师、文艺工作者，组成"十员"专业服务团队；针对居民需求，组建"和事佬服务队""功能性服务小组""姐妹帮扶队"等个性化服务团队。目前，全市共组建了21426个服务团队，参加党员干部人数达21.2万人。

（3）统筹区域服务资源。建立健全街道（小区）组织和驻区单位相结合、无偿服务和低偿服务相结合、社会化和产业化相结合的街道（小区）服务体系，实现服务全覆盖；提高组织活动场所和服务设施的综合利用效益，建成集党员活动、便民服务、文化宣传、信息传播等多种功能于一体的党员活动中心、办事服务大厅、小区党员之家；整合帮扶救助审批系统、"96345"服务平台、小区"12345"信访系统、数字城管系统等政务系统资源，有针对性地开设行政审批代理、就业培训、政策法律咨询、民事纠纷调解等服务项目，为广大群众提供"一体化"服务。

4. 完善契合群众意愿、反应灵动快捷的服务管理运行模式

"以人为本、服务为先"的现代社会管理理念，要求基层党组织必须适应人民群众的生存条件、生活方式、思想观念和服务需求等发生的变化，研究和把握群众工作的特点和规律，创新工作方法，把群众工作做深做细做实，增强群众工作的亲和力和感染力，增强党建工作渗透力。

杭州市在基层社会管理实践中，大力推广居民大会、居民议事会、党员议事会、居民听证会、小区恳谈会等做法，建立充分反映和表达居民利益诉求的民主协商机制。

将传统手段与现代媒体相结合、入户宣传与收集意见相结合、主动宣传与答疑解惑相结合，以"诉求聆听室""小区恳谈会""温情港湾""热线电话""政民互动网站""小区网站""小区微博"等为载体，构建沟通顺畅、信息共享的信息交互机制。

创设"66810"为民服务法、"党员会客厅""15分钟党员服务圈""五星级服务""服务百姓档案""党员奉献积分卡"24小时呼叫系统等，形成全天候、多元化、个性化、便民惠民的精细服务机制。

广泛开展记民情日记、定期民情分析等活动，准确了解、掌握群众关注的热点、难点问题，及时采取政策解释、情绪调节、心结打开、纠纷调解等方式，提前介入干预，建立矛盾化解机制。

通过小区工作评议会和小区事务报告会等形式，将组织考查、群众评议作为基层党组织与党员的常规考核方式，将"片组户"联系服务工作

开展情况纳入基层党建工作责任制述职考核的重要内容，作为机关干部、小区党员实绩考核、评先评优的重要依据，建立内外并行的评价监督机制。

5. 健全条块综合支撑、功能集成共振的服务管理保障机制

强有力的党建保障，是保证社会管理任务落实、增强社会管理实效的基础。近年来，杭州市高度重视基层党建保障工作，为基层党组织在服务管理中充分发挥作用提供坚强支撑和创造有利条件。

在市、区、街道三个层面建立了社会工作党委，在小区建立公共服务工作站，形成小区党组织、小区居委会、小区公共服务工作站"三位一体"、交叉任职、合署办公的小区管理新体制。将小区业委会及物业公司的主要负责人吸收进入小区党委班子，同时安排优秀的小区党员进入小区业委会班子，建立由小区党委、小区业委会、开发商、物业公司组成的"四位一体"的业委会选举机制、议事协商机制，发挥小区党组织在化解物业管理矛盾方面的领导核心作用。

把小区作为培养基层干部的重要阵地，市委把每年的 10 月 23 日确定为"社工节"；去年以来，全市从街道（乡镇）和小区（村）选拔了副处（科）级干部 54 名；市本级连续 8 年对全体小区书记、主任进行集中培训，目前已有 1455 名小区干部取得"社工师"证书。

坚持重点下移，把人力、财力、物力更多投到基层，按照每个小区党委 6 万元、党总支 5 万元、党支部 4 万元的标准落实党建工作经费，按照每名党员 50 元的标准落实活动经费，加强小区党员服务中心、远程教育网站、小区配套用房、党建活动室建设，切实增强基层党组织和党员联系服务群众、保障改善民生的能力。

（六）总结

上述地方政府在信息资源集成的实践中，结合本地实际、因地制宜创造了各具特色的组织体制与工作模式，其主要特点如下。

第一，吸引和鼓励民间力量参与，加强与公众互动，获取广泛支持，同时引入竞争机制，促进信息产业发展，提高建设效率。在以上五个智慧城市建设中，政府无一例外地都与相关企业合作，给予相关企业政策支持，并引入竞争机制。宁波市形成了"管理到户，服务到人"的工作格局；北京市对各个城区的管理实施个性化服务，多元化参与；南京市建立

服务型政府，建立政务信息系统，建立利民惠民的服务，建立健全电子监察系统；佛山市以数字化、网络化、智能化、无线化、国际合作拓展工程，充分发挥政府和中介组织的资源平台优势；杭州市建构了"片组户民情联系区域化统筹服务"的工作模式。

第二，注重智慧服务，加强"智慧保障民生"，避免简单的技术应用与单纯的智能管控。如智能城市建设不仅定位于信息技术升级，更定位于城市的经济、文化、社会、环境及市民的整体发展，其重点应用领域包括政务、产业、交通、环境、福利、文化等。

第三，认清智慧政府的内涵，不能简单地把"信息化""云计算""大数据"等拼成一个大饼，然后贴上"智能"的卷标，要打破"信息孤岛"的僵局。依托云计算、物联网等新兴技术，以信息技术高度集成、信息资源综合应用为主要手段，加快推进政府信息化。

第四，高度重视信息的整合、挖掘与再应用。比如，人事、公安、财政等部门的资料进行交换后，就可以开发一个应用系统，如果跟社保部门的数据结合起来，那就将覆盖到企业和社会，这些数据可以说是"金山银山"。同样地，医疗救助、自然灾害救灾等也可以实现数据交换整合，为预测和决策提供有力的参考，从而提升政府的行政能力。北京市和宁波市都有智慧医疗和智慧城管，五城市都引入云计算，都建立了一个基础的数据库，都更重视服务和管理，而不像传统的只重视管理，都重视信息评价和监督系统，建立人性化政务服务方式，政务信息资源共享工程的建设，都以便民利民为目标，都加快无线网的建设。

第五，加强相关人才培养，形成多层次人才体系人才培养是智慧城市建设的重要保障，要加强智慧城市建设高层次领导人才、高层次复合型人才、高技能人才的培养。鼓励高等学校开设相关课程与专业。与高校和科研院所合作，通过委托培养、定向培训等方式建立智慧城市建设管理人才培训基地。加强职业院校建设，建立实训基地，提高技术人员操作水平。

第四章

政府网格管理中信息资源集成的国际经验

自进入 21 世纪以来，西方发达国家如火如荼地开展了以"建设服务型政府"为宗旨的行政改革。这一行政改革反映到电子政务领域就是政府网格化管理的推行。全球网格论坛将所谓政府网格化管理定位为构建一个"开放的、网格化的、服务导向的体系架构"（OGSA），以此作为标准化网格计算的蓝图。"开放"在这里指的是为了获得协同性，推动标准化的过程。"网格化"的含义是指在分布、异构的环境下，对资源和服务的整合、虚拟化及管理。"服务导向"指的是，由多个松散的服务职能构成的，与当前企业接受的网络服务标准密切关联的功能。这一体系结构的核心构件即是机构组织内部的整合、机构组织之间的交互及系统流程的协同，而这一切都集中在对网格内的信息资源集成上。

本章将探讨美国州政府、英国郡（县）政府、日本及新加坡城市政府网格化管理中信息资源集成的相关做法，以期从政府的不同层级，归纳梳理西方国家的地方政府网格化管理中的信息资源集成的内在规律与成功的经验。

一 美国州政府网格化管理中的信息资源集成

美国州政府网格化管理是基于联邦企业构架框架（FEAF）模式。其运行模式主要包括两个层面：一是从信息技术层面，美国建立了城市管理信息共享的技术标准，确保了城市管理的跨部门互联互通；二是从业务标准层面，为了支撑跨部门的城市联动管理体系，美国建立了数百条详细的业务标准来规范跨部门的城市管理职能，建立实质性的跨职能团队，形成了城市管理的政务协同模式。并且 OMB 为此建立了详细的绩效评估指标和绩效评控机制，形成了长效的城市管理运行系统。

（一）美国州政府网格化管理中信息集成系统

美国与中国网格化管理项目的共同之处，都是自下而上建立的过程，面向公众的电子政务内容完善了，更高层的政府机构通过统一的信息集成系统——面向服务的体系结构（Service – Oriented Architecture，SOA）实现对全社会的有效治理当然不是件难事。不过，这种自下而上的电子政务项目，不同于日本和德国政府发起的"电子政务运动"。由政府"自上而下"发起的电子政务运动通常将信息系统的配置和服务内容写入法律，并且逐步到位，这样基于同种数据业务应用就成为主流；但自下而上建立的电子政务体系则不同，可能基层或者地区政府的决策偏好不同，会采取不同的系统，在这样多种数据并存的情况下，往往更需要 SOA 来建构更加完善的网格化管理模式。

SOA 是一个组件模型，它通过应用程序的不同功能单元（称为服务），将这些服务之间定义良好的接口和契约联系起来。接口是采用中立的方式进行定义的，它必须独立于实现服务的硬件平台、操作系统和程序设计语言。这使得构建在各种这样的系统中的服务可以以一种统一和通用的方式进行交互。典型的 SOA 服务架构如图 4 – 1 所示。

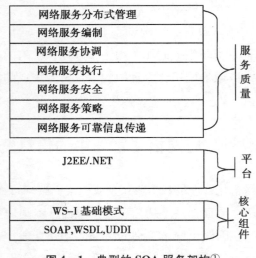

图 4 – 1　典型的 SOA 服务架构①

---

①　SOA（面向服务的体系结构），百度百科（http：//baike. baidu. com/image/9e7ce6dc5afd 99b2cc116635），2010 年 2 月 18 日。

这种中立的界面定义（没有强制绑定到特定的实现上）所具有的特征，被称为服务之间的松耦合。松耦合系统的好处有两点：一点是它的灵活性，另一点是当组成整个应用程序的每个服务的内部结构和实现逐渐地发生改变时，它能够继续存在。紧耦合则不然，紧耦合意味着应用程序的不同组件之间的接口与其功能和结构是紧密相连的，因而当需要对部分或整个应用程序进行某种形式的更改时，它们就显得非常脆弱。

对松耦合系统的需要来源于业务应用程序本身的需要，它可以根据不同业务的需要变得更加灵活，以适应不断变化的环境，比如经常改变的政策、业务级别、业务重点、合作伙伴关系、行业地位及其他与业务有关的因素等，这些因素在一定条件下甚至会影响业务的性质。我们称能够灵活地适应环境变化的业务为按需业务，在按需业务中，一旦需要，松耦合系统就可以对完成或执行任务的方式进行必要的更改。

（二）美国州政府网格化管理的工作内容

以美国密歇根州政府为例。美国密歇根州政府与 IBM 公司签署了一个长达 7 年、投资 10 亿美元的项目。这个项目就是利用 SOA 技术将该州所有公共服务事项统一管理，改善他们的公共服务体系，并集成到一起。州政府原有的公共服务事项在各个方面都是非常零散的，现在把它都变成 SOA 的服务，变成一个个小的构件，然后联系到一起，后来在美国的其他州也被推广开来。

密歇根州政府网格系统是以开放网格服务体系架构（OGSA）作为标准化网格计算的蓝图。整个网格系统通过体系结构定义了构件、机构组织、机构组织之间的交互，以及背后的设计哲学。

2000 年年初，密歇根州州长发布了一项行政命令：创建称为 e - Michigan 的新机构。该机构直属州长领导，是州长办公室内的一个内设机构。正如 e - Michigan 的总监所言，"这个办公室承担着为印第安纳州政府的在线服务创建一个网关的任务"。①

2001 年年初，e - Michigan 办公室提交了该项目的需求，结果接收到 16 家厂商的投标书。经过相关程序的筛选，确定 IBM 公司拥有最佳的整

---

① 摘自 IBM 网《密歇根州政府实施电子门户（ePortal）为选民提供服务》，http：//www - 900. ibm. com/cn/public/digicity/cases/case_ eMichigan. shtml，2010 - 2 - 17。

套解决方案包，且正适合 e–Michigan 的需求，于是决定将该项工程外包给 IBM 公司。2001 年 4 月，开始对政府网站进行开发，包括图形、颜色和布局设计，并在 90 天内使 Michigan. gov 门户网站启动并投入运行。门户网站的主要目标定位在将政府服务提供给居民、使居民便于查找政府提供的各类服务及降低交付服务的成本。

Michigan. gov 从设计理念到其主要工作内容都体现了美国州政府网格化管理的主要特色。

1. 通过信息集成，实现政府服务职能的网格化统一管理

在 Michigan. gov 门户网站启动之前，密歇根州政府的 20 个内设机构均有 Web 服务，但这 20 个机构拥有大约 100 个彼此独立操作的不同网站。这些网站之间没有统一性或共同的标志，它们各有各的风格。密歇根州政府门户网站通过对州政府各部门内服务职能的信息集成，创建了统一的 Web 门户。在这一全新的门户上，统一为一个通用的外观，将部门网站呈现的众多不同形象统一为"密歇根州"标志，从而实现了网格化的统一管理。

经过信息集成整合后的密歇根州政府 Web 门户包含五个次级门户主题网页，它们分别是：教育和事业发展；家庭、健康和安全；许可、证明和准许；商业服务；旅游和娱乐。现在，用户无须了解由哪个机构提供某种服务即可直接访问该门户来获得相应服务。

经过信息集成后实现统一网格化管理的州政府 Web 门户，与传统的州政府信息管理系统相比，具有两大优势。一是具有快捷性。传统的州政府信息管理系统由于没有实现职能的信息集成，可能同一类信息，会在政府机构几个不同网站上运行。这样，用户一般要点击 5—15 次才能找到所需的信息。使用新的网站后，居民最多点击 3 次鼠标就能找到他们所寻找的信息。二是具有直接性。对于传统的网络系统来说，人们要寻求政府的某种服务时，首先必须到达据猜测支持某项服务的机构网站，然后尝试从此处查找所需的信息，这通常是一个颇费周折的体验。新系统则方便了用户。该门户使居民能够直接搜索有关教育、旅行、商业、许可等方面的服务。

2. 服务导向下的效率与灵活性

密歇根州政府 Web 门户已经取得了巨大的成功。首先，从投入营运开始，网站的流量就达到每月 300 万次页面查看量，8 个月后，网站已经

超过了每月 630 万次的查看量。门户流量之所以如此大幅提高，是因为它非常易于使用，并且人们可以如此迅速地找到所需的信息。

其次，该门户可以帮助政府以无纸办公的方式进行多项业务。例如，在过去，当某些人想更换执照时，他们必须填写表格，邮寄出去，然后必须在接收到资料的前提下才能进行处理。这非常浪费时间。利用新的程序可以通过电子方式更换执照，从而既减少了用纸量，又节约了用户和政府工作人员的时间。

再次，该门户所开发的主题网站还易于查找信息。现在，如果用户正在进行一项研究，其找到所需信息的概率与传统方式相比，将会大大提高。同时，网站还可以提供满足不同使用者的个性化服务。例如，如果用户希望获得相关旅游和娱乐方面的个性化服务，那么网站将为他们增加有关密歇根州即将举行的这方面活动的内容。

最后，该门户使人们可以全天 24 小时、一周 7 天与州政府交互，为居民提供了更多自助的机会。当居民需要某项政府服务时，他们可以随时进行访问，而不必花费时间到现场去办理。

3. 方便居民的便捷电子商务

IBM 公司为密歇根州政府办公室开发了电子商店，将其作为门户的一个组件。这个电子商店与州自然资源部合作，在互联网上销售他们的一些产品，其中包括野生动植物印刷品、海报和书籍。产品销售所获款项将用于保护野生动植物等方面的社会公益事业。除此之外，密歇根州博物馆也启动了一个电子商场，并与州政府网络门户链接。

在此基础上，该门户的电子商店又被扩建为一个完整的电子商业中心。电子商业中心囊括了密歇根州可进行销售的所有产品。通过电子商业中心，可以代理为某些公益计划和事业开展的捐赠，如儿童福利事业的慈善捐赠等。

（三）美国州政府网格化管理的变革

以往美国的电子政务管理系统是依托信息技术为中心建立起来的，其缺陷在于限制了政府部门运作效率和效能的提高，同样也限制了对公民服务能力的提升。因此，美国州政府开始调整电子政务的思路，推行政府网格化管理。政府网格化管理不单纯是名称的改变，而且意味着"电子政务"的发展需要改进运行方式——如何开展政府事务，如何对待为之服务的公民。为实现这个目标，美国政府从三个视角确立了网格化管理的发展战略：第一，以公民为中心，而不是以官僚体制为中心，方便公民与联邦政府实现互动；第二，以市场为基础，积极推进创新，提高政府的工作效率，改善其绩效；第三，以结果为导向，为公民创造可衡量的改进，提升政府对公民的回馈能力。美国政府严格要求网格化管理的发展需要牢牢把握这三个基本原则，以避免其电子政务误入歧途。

基于此发展战略，美国州政府在理念上完成了三个转变。

一是技术应用目的的转变。由"以信息技术为中心"转变为"以公民为中心"。20世纪90年代，联邦政府使用信息技术的主要目的是使现有的工作流程自动化，解决内部业务发展的要求，而不是为了提高工作效率、改善行政绩效和与其他机构的信息交流和互动。公民往往需要向各政府机构多次重复申报个人信息，各政府机构之间却无法很好地共享这些信息。因为技术应用目的的偏差，美国电子政务的思路实际上本末倒置，将手段代替了目的，陷入了不可忽视的误区。

二是绩效评估导向的转变。由流程导向转变为结果导向。过去，美国政府各机构一般都是按照信息技术系统为机构本身的流程和需求服务的好坏来评估网格化管理系统，而不是根据为公民服务的优劣来评估该系统。

在评估网格化管理时，依据正常的工作时间或服务时间，而不是依据他们服务的机构内部和外部的绩效。从某种意义上说，原有的系统绩效评估方法出现了方向性的错误，必须进行矫正。

三是对抗拒变化心理的转变。因为官僚主义作风和害怕重组的心理使人们对整合业务和机构共享系统应用抱着抗拒的态度，所以美国政府各部门在制定预算时并没有考虑跨部门的信息技术应用。抗拒变化的态度成为应用信息技术提高联邦政府劳动生产率的根本障碍，也成为网格化管理信息资源集成的最大障碍之一。抗拒变化的心理从表面上看是一项软性的阻力，但实际上却对网格中的信息集成有巨大的杀伤力。从某种程度来说，抗拒变化的心理成为网格化管理发展理念中最难逾越的一道坎。

美国各州政府的网格化管理系统的建设强调从本地区的实际出发，立足于政府发展变化的需求，在已有的IT系统的基础上，通过信息集成实现无缝隙转换，而不是推倒重来，另起炉灶。新系统只不过是将原来分散于政府各部门的信息系统整合为一个电子政府登入口。通过这个统一的登入口为公众和政府职员提供了他们所需的信息和服务。新的网格化管理系统实现了无论用户在何时及何地，只要有所需要，该系统都能及时地做出相应响应。同时也为未来系统的扩展提供了接口。这种以端到端直接指向客户的方式，具有以下优势：其一，通过信息集成后的统一服务访问接口能够方便、快捷地向公众提供各类服务，从而提高了服务的质量；其二，通过优化了的工作流程和综合管理工具，提高了政府内部的工作效率；其三，新的网格化管理系统大大减少了人力，改变了传统的纸张文本处理程序，从而减少了政府的管理费用；其四，新的系统是一个开放的系统，从而在一定程度上消解了政府的暗箱操作，提高了政府整体透明度。同时，这种开放性使当地的商业经济活动也可进入系统平台，实现在线服务，促进了本地经济的发展。

虽然美国的网格化管理项目实行的是"自下而上建立的过程"，各州政府根据本州（岛）电子政务发展的实际来建立各具特色的网格化管理框架。但这并不意味着美国联邦政府就完全采取放任自流的政策，事实上，美国联邦政府在对各州网格化管理框架集思广益的基础上，建构了一个美国联邦企业架构框架（Federal Enterprise Architecture Framework，FEAF）作为美国各州建设网格化管理系统的指导方案。联邦企业架构框架的主要目标在于促进联邦政府部门间及其他政府部门间实现公用的、通用的联邦流程设计、交互操作及信息共享等。同时也为各州政府建立网格化管理架构提供了建设性的指导意见和约束规范，为政府各部门在网格化建设过程中，对业务流程、信息需求、应用软件、数据环境和基础结构平台的建设，提供了透明且统一的规范，对政府信息集成系统项目的选择、决策和评价提供了理论依据，对不同机构之间的信息共享和互操作性提供了指导原则。

最后，由于政府网格化管理系统的建设面临着内、外的复杂环境，它需要政府最高领导的强有力的支持。所以，美国各州政府的网格化管理机构都是设在州长办公室，直接隶属于州长领导。正如密歇根州政府门户网站总监所言："获得机构最高层的支持是非常重要的。在我们的案例中，州长在背后支持我们，这是必不可少的。"① 同时，她还认为，自始至终政府机构各级人员参与项目也是至关重要的。她说："我们跨越我们州政

① 摘自 IBM 网《密歇根州政府实施电子门户（ePortal）为选民提供服务》，http：//www - 900．ibm．com/cn/public/digicity/cases/case_ eMichigan．shtml，2010 - 2 - 17。

府的各级进行采购。这需要在项目的各个阶段进行大量的内部沟通。我们在做每一件事时都力争主动通知所有各方。这样做非常值得。我们的努力获得了广泛的认可。这才使该门户能够获得成功。"①

二　英国郡（县）网格化管理中的信息资源集成

英国政府网格化建设的目标是建立以公众为中心的政府。依据这一目标，英国政府将自己电子政务建设的特点定位为：平民化。其意是：要求政府做任何一项电子政务时，既要考虑到熟悉、了解信息技术的人，也要考虑到不熟悉、不了解信息技术的人。

围绕着这个目标，英国政府先后制订了《政府现代化白皮书》、《信息时代公共服务战略框架》和《21世纪政府电子服务》等一系列规划。为了让尽可能多的英国家庭能够通过互联网与政府打交道，2002年，英国政府还制订了在5年内使每个英国家庭都能上网的宏伟计划。截至2004年年底，英国政府上网率达85%。此外，启动的政府网关把公民网站、商业和部门网站与政府的办公系统等安全地连接在一起，可以提供每年365天和每天24小时的"无缝"服务。英国国家统计局报告显示，2006年英国的成年网民中，有18%的人使用政府机构网站获取服务或官方文件等信息，政府机构网站的总数已达到10000多个，每周访问请求量超过2000万次。人们现在可以通过网络使用所需要的政府服务而无须再排长队。②

英国是一个地方自治的国家，在纵向层面，中央政府与地方政府不存在领导与被领导、管理与被管理的关系。但这并不意味着完全的自由放任，中央政府通过政策导向统筹对全国的管理。英国政府的网格化管理模式也是如此。一叶而知秋，解剖英国萨里郡政府网格化管理的特点，可以透视政府网格化管理整体发展的走向。

---

①　摘自 IBM 网《密歇根州政府实施电子门户（ePortal）为选民提供服务》，http：//www -900. ibm. com/cn/public/digicity/cases/case_ eMichigan. shtml，2010 - 2 - 17。

②　魏道培：《全球电子政务5强国：各领风骚见高低》（http：//www. xdtrans. 2008red. com/xdtrans/article_ 603_ 4801_ 1. shtml）。

（一）英国萨里郡网格化管理的信息集成系统

萨里郡政府认为，为了应对当前和未来的挑战，就必须把萨里郡改造成一个更加灵活、负责、有效率的组织机构，以便在政府财政日趋紧张的情况下，能够为公众提供更多、更有效的服务。为此，州政府提出了21世纪州政府发展规划。该规划设定了改革州政府的工作方式，将公众利益放在政府机构工作的核心，通过为政府前台工作人员提供更好的支持，改善政府服务质量。要实现上述目标，毫无疑问，州政府的机构和信息基础设施需要一次深层次变革。只有这样，才能真正实现将传统的、分散服务模式下的政府，转变为以客户为中心的、能够快速响应公众、事务合作者、政府雇员需求的新型政府信息集成模式，实现萨里郡政府制订的建设一个以公民为中心、以服务为导向的现代化政府的计划。

要实现上述目标，郡政府需要在自己的网格化管理系统中有一个更加灵活、更加有效率的信息集成模式。但是，要实现这一变革，并不是一件容易的事。因为，随着政府机构职能的扩展，每一个机构都有本机构独有的信息集成模式。这也意味着，它将产生大量重复的工作。例如，每一个机构都有自己的采购机构、财务职责。这昭示着萨里郡政府确实存在着信息整合的必要性，但也显示出郡政府将不同部门内相同的业务流程和系统进行整合协调，将会是一项巨大的工程。

郡政府意识到，要真正解决这一问题需要重新设计信息集成流程及引入、部署一个基础应用平台。因为，一个单独的共享服务平台能够取代不同类型的系统，为所有政府机构提供服务。同时这个服务平台还应该为决策者提供专家支持，并能够完成政府机构内大量的日常业务。萨里郡政府制订了一项雄心勃勃的信息集成的整体规划。该规划把公众的利益放在整个规划的核心，并据此重新设计集成核心流程，创建一个单一的共享服务中心。这一规划中，包含着一些关键的专业化变革。这需要一致的统筹与联合领导、技术项目的综合性管理、IT专业技术和技巧的开发、增强如何确保项目可靠发布的控制和支持、供应链管理的改革及如何实现上述变革的体系化。

整个信息集成系统是紧密围绕公民或事务流程设计的，而不是从政府工作的方便出发，同时通过统一的、相互协调的方式发布。这将大大改变公众的印象，获得更好的政策效果。由于简化事务流程而减轻了政府文书工作的负担，减少了重复的日常事务，在提高工作效率的同时，反而扩大了每次工作的总量。

正如政府引入的大多数创新项目一样，管理文化的变革对于一个创新项目的成功是至关重要的。为了促进郡政府中参与此项工程的工作人员转换理念、提升技术，郡政府和技术提供商采取了以下措施来促使这一转变：由技术提供方组织对工作人员的培训；和技术提供商展开一对一的交流；制定一系列职员必须遵守的操作流程和服务规范等。

随着政府工作人员对新系统的日益掌握，前台服务人员发现，他们不再需要陷于太多的日常事务，这使他们能够有更多的精力用于改善服务质量。同时郡政府的运作费用也大大降低，从而缩减了政府整体的财政规模。

新的信息集成模式的引入，增强了政府系统的管控能力，也使组织的运作更加透明，同时也提升了政府内部工作效率。

新系统的成功运行，还大大增强了政府领导层的决策能力，通过对整个政府信息系统运行的宏观把握，使政府的领导者能随时明确政府工作的焦点及问题的症结所在，从而可以因应形势的变化，并根据服务对象的新需求，从决策层面做出调整，做出合理取舍。

萨里郡政府通过对流程的标准化改造，提升了服务的效益和效率。通过后台系统对信息的集成优化，使前台服务得到更好的支撑。新系统的使用被认为是降低了政府公共事务服务的相关花费，但同时却提高了政府的工作效率。更有甚者，即使在供给减少的情况下（如金钱、人员、资产等的减少），通过后台系统的整合，流程的改善也大大增加了产出。例如，通过政府采购流程的优化，使政府采购招标更加透明，减少了大量中间环节，最直接的表现是，供货商由原来40000名减少到15000名，在一定程度上减少了人力资本的浪费。政府采购的支出经费也被大大削减了。

（二）英国萨里郡网格化管理的工作内容

萨里郡政府网格化管理系统的开发，是为了打破传统的僵化管理体制，把全社会公众，而不是某一阶层或某一群体的利益放在第一位。遵循这一指导思想，郡政府的网格管理系统致力于以下工作。

一是围绕公众需求提供公共服务。首先，为了实现这一目标，政府网格化管理系统建立了可配置的业务流程库，支持跨部门的业务协同。在业务流程库的支持下，协同横向和纵向的工作，实现一体化运作，同时自动显示业务办理进度，方便市民查询和内部效率监察。其次是将网格化端点下沉，充分配置呼叫中心和小区网格，通过为用户提供更多附加值的数字化服务，替代了传统纸质提交方式。公众和企业可以在一个呼叫中心或一个小区网格完成他们的业务需求。所有这些管道都必须建立在对上述设备使用方便的基础上。

二是针对不同的 IT 项目，提供能够满足需求的组合化管理，制定符合实际情况的标准。适用于信息管理的一系列标准，不仅使所有政府中有权限的用户能有效地使用和分享信息，从而提升内部工作系统的效率；更重要的是，它使使用者需求的共享服务方案，在技术上实现变得比其以往更为容易。由于统一标准的执行，使得公众、事务流程、政府前台工作人员实现了系统性的融合，而这种融合，减少了浪费和大量的无效率，使公众与政府共同获利。总之，萨里郡政府网格管理标准化的确立，实现了政府自身的职能转变，保证了其为公众服务宗旨的实现。同时随着雇员经验的增加，也间接提升了财政、职员、知识和资产管理的效率。

三是促进本地区经济发展，面向企业提供电子化服务。萨里郡政府在政府网格化管理系统中设立了为广大企业服务的企业之家（Companies House）网站。这一网站作为政府与企业沟通的中间环节，目的是实现政府与企业间电子化合作。此电子信息系统对企业和政府管理部门双方都有着重要的意义，可以为双方带来实在的效益。对政府而言，通过电子化系统采用全自动化的服务形式，不再需要政府部门对数据进行重复录入，将有效降低错误发生的概率，节省大量的工作时间；对企业用户而言，通过使用电子化服务系统，可以使自己的要求得到快速响应。而在过去，企业必须付出大量的报酬才能得到这种快捷的办事效率。

四是建立职位和学习网站——"工作培训"网站。访问者不需要去工作介绍中心，只要点击这一网站，便可获得寻找工作或说明培训的相关信息。访问者还能获得与此相关的职位、志愿工作、培训课程、护工等有关信息。通过在网站获得的不同职业信息，访问者可以做出科学合理的职业选择。实际上，这个网站已不仅仅是一个职业网站，它不但可以帮助访问者选择所从事的工作类型，还可以帮助他们找到所需要的培训。

五是郡政府的规划门户网站。规划门户网站的设立是为郡下辖的市镇和乡村规划系统提供一站式的服务。这些网站将当地所有的政府当局和中央政府联系起来，为用户提供电子版的规划申请表格、指南、当地发展计划的链接及来自各种管道的大量相关信息。此网站的成功在于通过网络把信息通信技术提供商和规划当事人（如测量员、建筑师和顾问等）结合，再由提供商运用通用的 xml 标准为地方当局提供后台办公的能力。

萨里郡政府认为自己的网格化管理还需要进一步完善。特别是在与中央政府、其他的地方组织机构的相互交合上；跨部门的相互协调上，还存在着大量的可合理化空间。另外，如何实现公平的访问新技术，如何消除数字壁垒等，这都是有待着手解决的问题。

（三）英国政府网格化管理的经验

英国作为老牌资本主义国家，其政府网格化管理基础良好，在多年的发展过程中取得了丰硕成果，走在世界前列。在英国政府网格化管理发展中，以下几点经验非常值得学习和借鉴。

第一，建立高层次的组织保障是促进政府网格化管理健康有序发展的重要力量。英国政府成立了电子特使办公室及隶属于内阁办公室的电子政务部等组织机构，统领全国政府网格化管理。政府网格化管理是个复杂的系统工程，若是没有高层的组织和协调，其管理是很难有所建树的。因此，成立高层次的组织既是十分必要，也是极为有效的。

第二，指导政府网格化管理前进的基本准则是建立科学合理、具有前瞻性和指导性的电子政务发展规划。英国政府网格化管理之所以取得重大进展，与其较早出台的《现代化政府》白皮书有很大的关系。白皮书确定了英国政府网格化管理发展的方向和目标，为英国全方位、多角度、多层次的电子政务发展提供重要保证。

第三，通过制定必要的标准和规范，促进网格化管理的健康、协调发展。英国政府颁布的十分详尽的政府网站建设指南，是指导和规范网格化管理建设的纲领性档。

第四，决定政府网格化管理发展成效的一条重要准则是坚持以公众要求为中心提供公共服务。英国政府在政府网格化管理发展的进程中，始终把这项准则作为网格化管理的出发点和归宿，受到公众的欢迎和支持。此外，加强政府网格化管理的基础设施建设、加强网格化管理教育与培训、致力于消弭数字鸿沟等，都成为政府推进网格化管理发展的有效途径。

三　日本市川市、新加坡城市政府网格化管理中的信息资源集成

本节将选取日本市川市与新加坡两种类型不同的城市政府，探讨城市政府在网格化管理中的信息资源集成所采取的相关举措，以期用"他山之石"攻玉。

（一）提供全方位服务的日本市川市政府网格管理系统

市川市拥有约 45 万市民，位于千叶县的西部，从东京中央车站乘火车抵达该市仅需 40 分钟左右。市川市人口中的大多数是在东京工作的较年轻的专业人士，市民中的另一部分则是处于单身生活状态的老年人。

针对市川市的特点，市川市政府的网格化管理由 6 个主要部分组成：生活网络、论坛、需求管理器和"360＋5"服务体系、市政府内部网、市川市商业广场。生活网络允许市民在线访问社会生活方面的各项服务。论坛实际上是市政府阐释政策与发布公告的场合，它为市民与政府官员之间自由交流和意见交换提供了途径。需求管理器的功能主要用于市民登记自己对公务员的意见、投诉和种种需求。"360＋5"服务则提供了可以跨行政管理管辖权的政府服务项目及对服务信息的访问。

1. 生活网络

生活网络由三个关键部分组成。

一是提供官方正式证书副本的一站式服务（One－Stop Service）。它提供市川市内多种服务信息的不间断服务（Non－Stop Service）；以及为拥有共同主旨的人群提供一个 Web 存在场所的小区支持系统。一站式服务提供多种证书的官方正式副本，这些副本包括：市民在市川市内的居住证明；市民已经对自己的 Inkan（私人印章）进行了登记的证明；市民的纳税证明等。市民可以通过这一系统申请证书并收到一份官方正式的打印副本。不能使用键盘的人士可以使用一个基于 PC 的摄像机和麦克风与相关人员进行联系，由相关人员代表他们提交相关信息并获得相应证明。

二是为市民提供九类特殊的信息和不间断服务。它们包括：生活方式、卫生保健、税收、孕期（防护）、儿童、教育、残疾人服务、老人照管及常见问题解答。这些类别的信息以文本、视频或音讯的方式提供。搜

索功能允许实现关键词搜索和自然语言搜索。这一服务还包括了到其他城市与部门服务的链接——如供气公司、电话公司、水服务公司、电力公司、邮政服务、有线电视供货商和警察局等。此外，搜索功能还能够搜索外部服务供应者。例如，类似市川市城市信息这样的外部服务供货商。这一系统通过互联网提供给用户。该系统还具有扩展功能，它通过这个功能提供特有的增值内容。

三是为市川市有共同兴趣的团体提供一个 Web 存在的场所。它为拥有同样兴趣的市民提供了在任何时间和地点都可以在线相互协作和交互的手段。通常，网站会提供关于内容的一个总体视图，如果用户要求访问更多信息，则会要求用户提供一个用户 ID 和密码。这一系统旨在创造一种社团的感觉，并鼓励了解市川市内外的信息和实现信息共享。

2. 论坛

论坛是市川市政府官员直接与市民进行正式（政策）提问和非正式提问的互动手段。市民之间及市民和政府官员之间可以自由地交流并交换意见。它与公告板的概念是一样的。

3. 需求管理器

需求管理器功能允许市民向市川市公务员提出自己的意见、投诉和要求。这一功能为市民直接与公务员和市长进行交流提供了一条途径，而且市民可以自己决定响应方式——无论是通过电子邮件，还是通过电话或信件。最后，这一系统设置了市长监督公务员与市民之间交互的系统，该系统可以检查相关要求和批件的进展状况。

4. "360 + 5" 系统

"360 + 5" 服务提供跨行政管辖权的 247 级应用和信息服务访问，并对无障碍电子政务服务进行协调。系统根据市民的需求提供服务，并为公共服务提供某种程度的质量控制。该系统还提高了市川市政府人员内部办公的效率和 IT 技能。

用户全天都可以通过遍布市川市和其他联网城市的 1600 个 Lawson 便民店中的电话厅访问这一服务，也可以通过互联网和内部网访问这一服务。市民可以获得以下类别的信息：公共设施的预订、志愿者活动、福利事业、政府、儿童和生活环境。此外，还有一个允许用户查看和更新城市规划数据的地理信息系统。

"360 + 5" 系统为市民和公务员在任何时间和地点参与更广泛的社团

活动提供了一个手段。市民可以访问多个主题下的信息，预订公共设施，并提供大量基于城市的服务信息。这一系统使政府的服务得到了简化，并改进了市川市政府与其市民之间的交流。

5. 市川市政府内部网

市川市政府内部网提供了公务员的共享信息和说明他们更好地使用信息。内部网的开发，提高了市政府各部门的工作效率和 IT 技能。公务员可以访问面向市民解决方案的所有内容，同时政府还能够通过网上开展日常的行政管理工作。例如，预留会议室、预订车辆、搜索和访问个人信息、查看当前新闻信息、查看市议会召开会议的时间表、查看 FAQ（常见问题）、查看即将发生的内部和公共事件、创建相关内容并在 Web 上公布，以及阅读、查看或听取市长的意见。

内部网系统的目标主要是提高公务员的 IT 素养，使其成为 IT 思维方式的领先者——不仅是在市川市（政府）内部的运营中，而且还包括整个市川市的社会范围内。

6. 市川市商业广场

为贯彻市川市开展的以市民为核心的行动，市川市还修建了一座被称为市川市商业广场的大厦。该大厦提供了可供市民访问和使用市川市政府服务的设施。该广场是市川市支撑政府、公司和市民间协作计划的一个最显著的成果。

这一座拥有六层空间的大厦提供了多种服务，其宗旨是满足市民、公司和市川市公务员的需要。第一层是供市民使用的互联网咖啡屋。第二层是市政府电子广场，允许市民直接与市川市政府进行交互。第三层和第四层是为本地公司和行业提供支持的（政府）办公机构。第五层和第六层是市川市政府 IT 部门的办公室，这些办公室是市川市 IT 战略和开发团队的中心，同时还承担提供新技术运行的示范。

市川市政府网格化管理系统自 2002 年 5 月 8 日投入运营以来，已经获得了来自市民和公务员的正面肯定，系统在收集了社会各阶层回馈意见的基础上，做出了进一步的完善，从而确保了该系统能够拥有一个光明的未来。

（二）以信息资源集成为核心的新加坡"整合政府"计划

新加坡电子政府在全球和地区的多项排名中成绩斐然。2007 年，在埃森哲 2007 年度的"政府客户服务领袖"研究中新加坡荣获第一名。2009 年，新加坡又在日本早稻田大学进行的"最先进电子政府研究"34 个国家中位列第一，且是第一个荣获这一殊荣的亚洲国家。

新加坡电子政府之所以取得如此骄人的成就，几个关键的经验是值得总结的：其一，信息通信是经济发展的战略动力，政府在信息通信技术的应用上扮演着重要角色；其二，电子政务可以通过信息通信技术为客户和公众创造更多价值；其三，电子政务的计划和实施需要统一规划；其四，政府、企业界和社会力量的紧密合作是成功的关键。

作为一个缺乏自然资源的小国，新加坡的主要资产就是它的国民。为使政府更加有效地运转，也为克服劳动力不足的问题，新加坡将信息通信作为一个增效手段和策略工具，用以提高本国的效率、生产力和竞争力。截至 2008 年，新加坡的市民和企业可以全天候访问 1600 项政府在线服务，从中获得更便捷完善的服务。这都是运用电子化手段整合政府的结果。

从 2005 年开始，新加坡政府提出了发展电子政务的新战略，即实现从电子化到整合政府的转变。这一战略的指导思想是，继续强调客户服务的中心导向，通过对信息资源的集成，把政务从电子方式的途径向信息、流程和系统整合过渡。

新加坡政府之所以如此重视整合政府的建设，是因为整合政府可以实现更好的协同和更高的效率，使政府的服务水平提高一个层次。通过整合政府的整体规划，达到充分利用信息通信，给客户和国民带来高效率、高质量服务的目的。为了实现这一愿景，新加坡政府运用信息集成技术，从四个方面着手整合政府。

第一，增加电子服务的广度与深度。洞察客户需求，强化电子服务；改进电子服务的主动性、方便性、及时性和整合性，扩大电子服务的普及性，特别是利用移动技术提供增值服务，依靠新加坡当今手机的高拥有率，电子服务的普及性将大大增强。

第二，增强民众对电子接触的意识。政府通过生动有趣的方式发布明确有益的在线信息来吸引公众通过电子管道与政府对话。

第三，增强政府的能力与协作。实现数据、流程和系统的共享，增进政府部门之间的协同性；创新使用信息通信技术，丰富政府公务员的工作经验；在政府部门中倡导通信技术的创新和开发。值得一提的是 SOEasy

是整合政府的关键项目之一，它将统一集成所有政府部门（国防部除外）的信息通信操作环境。员工们将可通过 SOEasy 安全和通用地接触到集成式语音、视像和数据通信，在机构内部和各机构之间实行无缝隙式操作。

第四，增强国家竞争优势。推行产业改进政策，提升经济竞争力；在整合政府解决方案领域开展信息通信行业的合作；展示和推广整合政府解决方案。据了解，在合适的时候，新加坡将向企业颁发关于电子政务解决方案的专利权，这样，他们就可以向海外市场出口解决方案。

新加坡整合政府的路线图是先流程化再电子化。

整合政府关系到部门之间的利益，协调部门之间的关系应该说是整合政府的一大难点。故而整合政府计划中关键的一点就是先流程化，再电子化。不要急于采用信息技术来集成政府服务，而应先把流程梳理清楚，再进行电子化的集成工作。新加坡意图通过整合政府计划，充分强化政府作用，确保多个部门、一个政府的发展方向。

2008 年，新加坡大概有 60 个政府部门，在整合的过程中必然会有利益的冲突，需要花很大的力量来推动实现。所以，新加坡政府领导非常重视整合政府这一工程，非常关注政府如何利用信息集成技术来提升政府的整体能力，为社会与公众服务。

新加坡整合政府计划主要由两个部门在牵头：一个是财政局（作为电子政务的所有者，为信息通信技术在政府的应用设立政策方向；为电子政务项目和方案提供资金；是国家信息通信计划的全程推动者）；另一个是资讯通信发展管理局（作为政府首席信息官，为财政局和政府机构提供相应技术咨询、总体规划和项目管理服务，其主要任务是着手电子政务项目和方案的确立并使之概念化；推动电子政务项目和方案的发展与实施）。这两个部门分别通过财政、技术引导的手段，协调 60 个不同部门在技术、利益上的分配。值得一提的是，新加坡整合政府计划的预算、资金的分配均由财政局来负责。这在一定程度上强化了新加坡财政局在整合政府计划中的核心地位。

为了实现从电子化到整合政府的转变，新加坡政府适时推出了《整合政府 iGov 2010 计划》。在这一计划中，新加坡政府将电子政府改名为整合政府。改名的目的就是强调新加坡的电子政务工作的重点将转向建立一个整合政府。

从 2006 年开始，新加坡已经迈入了《整合政府 iGov 2010 计划》的实施阶段。事实上,新加坡整合政府计划在几年前就已经开始推行了。在过去的计划推行中,新加坡政府已经提供了所有的在线服务并在后台系统成功地对相关部门的信息进行集成,为客户提供无缝隙前台服务。网上商业执照服务项目和移动政府项目就是通过信息集成整合政府的两个典型案例。

第一,网上商业执照服务项目。网上商业执照服务项目是新加坡整合政府的一个典型案例。2001 年,为了解决企业家们所提出的在创业期间面临的困难,新加坡政府开始实施网上综合服务申请系统项目。该项目促成了网上商业执照服务(OBLS)的开发和交付,在新加坡成功创造了一个更有利于企业成长的环境。OBLS 计划共有 30 多个政府部门参与其中,各部门共同努力简化商业执照服务流程,目的在于使企业可在网上进行注册、更新、为商业执照付费。2010 年,OBLS 可为企业提供 16 个政府部门的共 85 种商业执照。它使新加坡 80% 的创业者可在网上申请创业所需的执照。

通过网上商业执照服务项目对流程进行再设计后,企业执照申请时间减少。企业现在可通过计算机随时随地申请执照,大大节约了时间和成本。执照的平均处理时间也大幅缩短:从 2006 年的 21 天缩短至 2010 年的 8 天。自 2004 年启动以来,OBLS 已为 10 万家企业提供了服务,并使公司注册费由 2.1 万美元降至 180 美元。此外,自 2009 年 1 月起,所有在新加坡注册的商务机构或地方企业等,都获得了一个唯一实体号码(UEN),作为身份号码,用于与政府机构的通信和互动。

第二,移动政府项目。移动政府项目是一个三年期的工程,旨在通过移动电话的管道推动政府服务的提供。项目希望达到的目标有:通过移动电话网向公众提供那些不适宜通过互联网和柜台提供的服务;使政府的电子服务为更多的受众所获取,为那些需要在移动中实现互动的人们提供方便。在新加坡,民众和企业现在已经可以通过移动电话网随时随地处理涉及政府机构的事务,以及民众和企业可享受到的政府信息与服务,这类信息与服务已在 2008 年年底增加至 30 种左右。

为保障移动政府项目的顺利推行,采取的主要举措就是开展《One SMS 计划》。即为所有新的移动服务确定单一的短信号码。《One SMS 计划》为政府机构提供了一个共享的短信平台,可简化短信移动政府服务的程序。One SMS 平台采用 5 位短代码,新加坡全部三家移动运营商的用户均可使用。One SMS 平台用于提供各种提醒和通知服务。其中包括：续缴公路税，市政局季度泊车费用短信通知，尚未解决的市政局违例泊车通知，中央公积金电子预约提醒，中央公积金账户月存款额和使用情况通知，以及新公共住房项目销售发布的提醒等。

值得一提的是，新加坡信息通信企业在新加坡各整合政府战略方面发挥了关键作用，为新加坡带来了巨大社会经济效益，并且在其中积累了丰富的经验。为此，新加坡积极地推动本国信息通信技术和经验走向国际化。这些企业的许多信息资源集成的解决方案通过在新加坡试用、测试和实施，再针对实际运用过程中发现的问题，并经过对问题的改进，即可出口海外市场。[①]

四　对西方国家政府网格化管理中信息资源集成经验的总结

西方国家在明确了政府网格化管理中的信息资源集成发展方向和目标以后，指出相应项目的实施须通过政府内部及政府之间更为有效的协同工作，向公众提供更多、更优质的服务。为达到这一目标，政府应通过对网格中的信息资源整合，减少多余的应用软件及系统，以更为低廉的成本提供服务。其具体措施包括以下几个方面。

一是简化工作流程，改进为面向公民的服务。通过集成单个的电子政务项目的信息，简化系统的流程，推进数据、流程及系统向通用、更加符合公众需求的解决方案迁移。政府各机构根据电子商务中"一次购买，多次使用""一次选择，多次使用"的原则，选择可以跨越传统"烟囱"式障碍的解决方案。

具体而言，从中央政府层面来说，应在实践的基础上，开发统一的信息集成系统，制定相应的实施标准及操作指南，并对各级政府的网格化系统的建构提供具体指导。

从具体实施层面来看，项目的组织者应该对社会公众的要求及政府各机构现有的基础条件有一个较为清晰的了解，并能够在此基础上促成各机

---

① 邱燕娜：《新加坡：先流程化后电子化构建整合政府》（http：//news. ccidnet. com/art/1032/20100126/1987899_ 1. html）。

构就项目达成共识并能够提供资金的保证。为了保证项目的成功，制订一份详细的项目开发计划是必不可少的。必须指出的是：成功的关键因素将取决于项目组织者、政府各机构的领导决策层怎样同他们的合作伙伴工作并进行有效的交流，从而建立起伴随项目建设所出现的一系列变化的共同认知。

二是本着效益原则，提高网格化管理的性价比。各级政府对电子政务实施管理及预算的部门，应根据相应的预算程序和管理法规提供的授权，使网格化管理和信息集成技术支出费用更有效，节省不必要的开支。不同的政府机构应该根据其相似的目标将各自的技术投资和工作计划进行整合，以避免重复。同时，在信息资源集成的基础上，建立各种面向外部的开放式业务处理平台，使之成为政府网格化管理的发展趋势。政府各部门应该充分利用资本规划、业务案例、投资和控制流程及类似企业许可等其他途径减少不必要开支，并提高信息技术投资的回报率。

三是通过人力资源的开发和培训不断补充新鲜血液，维持高素质的信息技术工作队伍。政府参与网格化管理的各级机构和部门，应将信息技术工作队伍的人力资源开发放在首要位置，这是网格化管理工程能否实现的前提条件。政府的人力资源管理部门要分析信息资源管理方面的人员需求，并对相应的信息技术培训项目进行评估和升级。网格化管理工程的组织者能更好地领导工程建设，政府的相关部门应对他们提供所需要的支持，以便提高这项工作的效能。譬如，政府的相关领导部门可以定期召开项目经理会议，举办单个项目的负责人及项目小组的一对一的碰头会，识别并解决阻碍项目成功的各种障碍。

四是继续做到以公民为中心，加快政府机构信息集成技术的现代化进程。当网格化管理系统已初具规模后，下一步的工作就是保障其顺利运转，并在运转中改进其作业行为。为此，政府必须对整个信息技术投资进行监控，目的是用以识别、分析系统运转中信息集成的效果，并进一步通过对系统的信息整合，加强跨机构边界的业务范围的活动。政府总的指导政策是，信息集成技术在网格化管理中的运用，将以强化业务范围及公民需求为基础；政府机构为系统开发的信息集成解决方案，应紧紧围绕着相关业务来开展。

五是政府要加强对网格化管理工程的规划与领导。在政府网格化管理工程的实施过程中，领导团队及所建立的相应领导小组，应针对建设中所出现的问题，做出及时的部署。政府电子政务建设的领导层及具体负责的技术官员，应该有针对性的、频繁地利用各机构负责人的知识和经验，对确定的网格化管理中的相关信息集成项目提供支持。政府的主管部门要与各项目组织者及机构负责人协同工作，从而识别流程需求、制定谅解备忘录、减少不必要的开支，并制订和执行工程建设计划。政府网格化管理中信息集成项目的执行者要与政府的领导部门、首席信息技术官员及其他领导小组来处理和解决前进中的各种障碍。

六是确定网格化管理绩效的衡量。政府的绩效管理部门应根据预设的网格管理中信息集成技术的指针，制定相应的信息集成计分卡的绩效标准。这一标准至少应包括以下内容：第一，政府机构应将信息集成技术的投入专注于高优先级的现代化项目，即遵循高技术、高标准的原则；第二，主要的信息集成技术项目应将成本、进度和性能目标控制在10%的变化范围之内，防止出现大起大落；第三，重大的信息集成技术系统必须是已经通过鉴定、许可或者以其他方式被授权证明具有充分的安全性的；第四，系统中所有的信息集成项目应具有可操作性，并能够创造实际价值。如降低成本、缩短响应时间、减少负担、提升面向公民的服务等；第五，政府应充分地运用市场化运作杠杆，通过外包、协议等多种市场运作手段，广泛地实行企业软件许可；第六，修正虽由财政预算案中所确定的，但在实际操作中却是重迭业务项目所支出的信息集成技术费用。

第五章

案例：深圳市龙岗区政府的"大综合管理"

深圳市龙岗区政府"大综合管理"① 的格局是建立在治理理论的基础上的。治理理论发端于西方国家，是西方国家应对政治危机的变革之道。"20世纪80年代中期以后，地方治理运动逐渐发展成为一个遍及欧美发达国家及许多亚非拉发展中国家的国际性现象"，"它是在民族国家受到经济全球化冲击，社会形态和国家权力性质发生重大变化的背景下，政府组织为有效响应环境变化和危机挑战而选择的一条新型发展道路"。② 我国虽然与西方国家具有不同的政治制度和体制架构，但是我们却面临着相同的市场化、信息化、国际化的时代背景和日益严峻的治理困境。20世纪80年代后期尤其是90年代以后，我国各地方政府纷纷开启了地方政府的治理变革。由于政治体制和社会基础的不同，我们的治理仅仅停留在对西方的引进借鉴阶段，并没有获得本土化的大发展。进入21世纪，随着社会经济的持续发展，社会转型进一步加剧，治理变革已经成为各级政府的共识，龙岗区的"大综管"新格局便是应对转型期治理困境而采取的治理变革。

一　深圳市龙岗区政府"大综合管理"格局的由来

随着市场经济的不断完善发展，社会转型的进一步加速，一方面是公共问题的日益增多和日趋复杂、公众对公共服务需求的多样化与质量的要求越来越高，政府在客观上越来越难以满足社会的需求；另一方面是政府

---

① "大综合管理"以下均简称"大综管"。

② 孙柏瑛：《当代地方治理——面向21世纪的挑战》，中国人民大学出版社2004年版，第1页。

结构与理性的缺陷及其自身难以克服的困境，政府"唱独角戏"的局面在现代社会已难以为继；更主要的是，人们看到公共事务的公共属性具有不同的空间层次、时间层次、内容层次、物化形式，因而必须采用多元主体、多种制度安排的治理形式。① 深圳市龙岗区政府"大综管"的格局正是在这种现实背景下展开的。

（一）深圳市龙岗区"大综合管理"的现实背景：转型期政府治理面临的挑战

当前，我国正处于转型的加速期，经济体制、政治体制、社会管理体制等正发生着急剧的变化。"一个处在社会急剧变动、社会体制转轨的现代化之中的社会，往往充满着各种社会冲突和动荡。"② 社会转型带来了社会的整体性变革，从传统向现代转变。在对传统社会的变革过程中，新旧体制不断转换、利益格局不断调整、价值观不断冲突与重构、人们期望与现实之间的差距不断变化，从而导致传统的社会结构、利益分配格局和社会价值观甚至政治体制会发生一系列的崩溃、解体和改组。诚如世界现代化的进程一样，当中国社会现代化的步伐越来越迅速时，社会结构也随之发生了急剧、迅速的变化，原有的政府管理体制一时难以适应新的情况，导致管理过程中出现诸如政府承担了过多的微观事务管理工作、外来人口的管理、社会治安的维护等问题，加之政府结构与规模不合理等体制弊端，严重影响了政府职能的发挥。与此同时，在体制转轨过程中，利益分配的不公所导致的利益差距拉大不可避免地会伴随着各种利益冲突和矛盾的出现。旧体制已经被打破，过去的某些社会整合方式已经不再适应现实的要求，而新的社会体制尚未完全建立起来，新旧两种社会体制、秩序规范和机制的并存交替而导致各种摩擦和矛盾出现并有可能激化。③ 这一系列的由转型带来的问题与冲突矛盾给地方政府的基层治理带来了严重的挑战。

---

① 董晓宇：《公共管理的发展方向——公共事务治理的合作主义模式》，豆丁网：http://www.docin.com/P－397934001.html。

② ［美］塞缪尔·亨廷顿：《变化社会中的政治秩序》，王冠华等译，生活·读书·新知三联书店1989年版，第40—41页。

③ ［以］艾森斯塔德：《现代化—抗拒与变迁》，张旅平等译，中国人民大学出版社1988年版，第23页。

　　一是对政府执政能力的挑战：正确处理社会矛盾。在社会转型的加速期，各种社会矛盾将频频连发，给整个社会的和谐稳定带来隐患。能否正确处理人民内部矛盾和其他社会矛盾，使广大人民群众安居乐业，为全面建设小康社会、实现中华民族的伟大复兴创造一个和谐稳定的社会环境，关系到党的执政基础和执政地位的巩固，关系到党的执政使命的完成，也是对党的执政能力的一个重大考验。"我们要正视矛盾，找到化解矛盾的正确途径和有效方法，形成妥善处理矛盾的体制机制，而不能让矛盾积累和发展起来，以致影响国家改革发展稳定的大局。"①

　　二是对政府职能转变的挑战：从"管制"向"服务"转变。政府的宗旨就是全心全意为人民服务，评价一个政府的好坏，关键是看人民满不满意。新时期，我国的经济出现了跨越式的发展，人们的物质生活进一步富足，公众需求向更高层次的多元化、个性化的服务转变。政府能否满足人们的这种多元的、个性化的服务需求，直接关系到人们的切身利益，同时也影响着政府的公信力。因此，转型时期，政府体制的转型应该是努力建设服务型政府。这就要求进一步转变政府职能，提高政府公共服务的水平，致力于以"无缝隙"的方式满足公民的多样化和个性化的需求，提升公共产品和服务的价值。

　　三是对政府执政理念的挑战：维护社会的公平正义。市场经济是开放、竞争的经济，市场的调节是自发的而盲目的。利益分化是市场经济的自然现象和必然后果，但这并不是转型的目的。社会转型的目的是保障最广大人民群众的根本利益，最终实现人民的共同富裕。转型时期，由于各种体制机制还不够完善，加之人们的价值观、利益观的复杂多变，出现了利益的失衡与冲突。这单靠市场是无法解决的，政府应该本着公平公正的执政理念，合理适度地协调各方利益，正确处理阶级分化和地区失衡的矛盾，促进利益分配格局的公平、公正，减少因为利益失衡而导致的社会动荡，成功地实现社会的转型。

　　四是对政府社会管理方式的挑战。在市场经济条件下，随着社会利益分化，导致价值多元、矛盾复杂，社会风险加大，致使社会整合和社会管理的任务异常繁重。构建适应社会主义和谐社会需要的新体制，成为加强

---

　　① 胡锦涛：《在省部级主要领导干部提高构建社会主义和谐社会能力专题研讨班上的讲话》，《光明日报》2008 年 6 月 27 日。

社会建设与管理的关键环节。《中共中央关于构建社会主义和谐社会若干重大问题的决定》指出："必须创新社会管理体制，整合社会管理资源，提高社会管理水平。持续的经济改革和对外开放已经使我国社会的资源结构和思想观念多元化，不同群体的利益重组和社会表达以及现代公民意识的觉醒不仅使全能政府丧失了存在的逻辑，而且使公民社会的产生成为现实。"① 因此，我们要打破政府控制所有社会资源、承担所有的社会管理与服务的局面，实现和完善政府与社会的职能分工，还权于社会，鼓励和支持社会自治，构建新的政府社会管理模式。

（二）深圳市龙岗区的特殊区情况

深圳市龙岗地区 1993 年建区。2005 年完成城市化改制。龙岗位于深圳市东北部，东邻坪山新区，南连罗湖区、盐田区，西接宝安、龙华新区，北靠惠州市、东莞市。辖区总面积 387.53 平方公里，下辖平湖、坂田、布吉、南湾、横岗、龙城、龙岗、坪地 8 个街道 109 个社区。龙岗区是深圳未来经济社会可持续发展的重要战略支撑城区，也是 2011 年第 26 届世界大学生运动会主场馆所在地。龙岗处于珠江口东岸深莞惠城圈几何中心，是深圳辐射粤东粤北地区的"桥头堡"。如今的龙岗，已从昔日深圳的边缘地区华丽蝶变为全市的城市副中心，成为一个经济发达、社会和谐、宜居宜业、活力迸发的崭新城区。

随着龙岗经济社会的快速发展，社会管理和公共服务需求日益增长，不断增加人员、密集运动式的传统管理模式已难以为继。这不但不能很好地解决问题，反而给政府财政造成了极大的负担，严重影响了行政效率，制约了社会经济的发展。大综管的改革理念力图摆脱这种思维的束缚，突破以加人增编应对社会管理和公共服务需求的做法，并吸收运动式行动突破部门局限的优点，在整合资源的基础上建立规范化、制度化的长效治理机制，实现更好的社会治理，为群众营造和谐、平安的社会环境，切实解决基层维稳综治工作中存在的管理职责不清、管理力量不足、工作责任不落实的问题。龙岗区构建"大综管"新格局是在充分认识区情的基础上，解决现实矛盾和问题的迫切需要，也是消除现有体制机制障碍的必然选择，更是寻求科学执政方式、建设服务型政府的积极探索。

---

① 史传林：《有限政府与自治社会"强强联合"》，《南方日报》2006 年 11 月 23 日。

深圳市龙岗区的区情有四个特殊性。

一是区位的特殊性。龙岗区与四区（罗湖区、福田区、盐田区、宝安区）、两市（惠州市、东莞市）相邻，点多线长面广，难以管控。

二是发展阶段的特殊性。目前，龙岗地区属于大发展、大建设时期。"十一五"期间，市区政府在龙岗地区的投资项目多达400多个，投资估算500多亿元，带动社会投资上千亿元。为推进这些项目，近些年的拆迁任务总量多达6000—7000栋，建筑面积超过600万平方米。政府既要确保重大项目建设的顺利进行，又要确保稳定，压力非常大。另外，城市化三年过渡期后，转地补偿等一大批历史遗留问题还没有妥善解决，带来很多不稳定因素。

三是人口结构的特殊性。户籍人口与流动人口比例为1∶11，人口结构严重倒挂，70%以上人口是初中以下文化程度。在全区131万套（间）出租屋中，居住着超过400万外来人口；外来人员超1000人的乡村有73个，聚居16万多人。

四是生产安全状况的特殊性。全市有40%的企业是危险化学物品企业，危险品库存量占全市80%，龙岗区在途的油罐车和气罐车占全市总量的70%，简易电梯、危险边坡、山塘水库约占全市的一半，森林覆盖率达53%，森林防火压力巨大。

区情的特殊性决定了城市和社会管理的艰巨性和复杂性，加大了政府治理的难度。并且龙岗正处于城市化加速时期，面临着由传统社会向公民社会转型、低端产业向高端产业转型、城乡二元化向一体化转型、粗放管理向精细管理转型的关键时刻。

首先是传统社会向公民社会转型。随着龙岗经济社会的发展，公民要求参与公共事务管理的意识强烈，公民社会正在成长。社会转型过程中会集中暴露出来一些体制机制和历史的矛盾，需要冷静把握和细心引导。

其次是产业由低端向高端转型。资源、空间等发展要素的倒逼，要求龙岗腾笼换鸟，行棋高端，构建高端经济架构，重点抓好三个提升——第三产业的规模和水平，工业项目的质量和效益，民营经济和集体经济的档次。

再次是城市结构由二元化向一体化转型。龙岗虽然已完成城市化转制，但实质上城乡二元冲突仍然很明显，龙岗的公共事业建设、社会管理水平与特区内形成了巨大的反差，形成了一个特殊的城市功能和城市形态，如何解决这样一个特殊的形态，关系到特区内外一体化的目标能否实现。

最后是管理从粗放向科学、严格、精细、长效转型。这将引领社会和城市管理的一系列变革，对推动政府职能转变、增强部门合力、推动社会和城市管理体制改革将会起到积极作用。

四个转型，集中了工业化、城市化、现代化、国际化、高端化等发展状态在有限时空内与城市规划、资源配套、产业结构、人口素质等方面所产生的矛盾，并被放大、裂变，给政府的基层社会治理带来了极大的挑战。积极地把握住四个转型，促进大转型顺利，赢得经济社会的可持续发展，需要新的治理格局。

（三）深圳市龙岗区"大综合管理"的建设历程

深圳市龙岗区从 2007 年 8 月开始构建大综管格局，到 2007 年 10 月组织了检查验收，2 个月的时间里全区基本搭起了架子，设计了制度并按大综管的模式开始运作。2007 年 10 月以后，全区并没有放下探索进取的脚步，而是在实践中不断加以总结、完善和提高。

首先，大综管格局在实践中被逐步完善。这主要体现在三个方面：在网格化方面，由地理网格向责任网格方面深化；在人员整合方面，从形式上的整合向实质上的整合深化，布吉、南湾、阪田、坪地基本实现彻底整合，布吉街道推行一人一格，落实完全责任；在工作机制方面，基本形成了一种"四合"新机制，即资源整合、功能融合、统分结合、协调配合。

其次，它在实践中得到了进一步充实。自 2008 年以来，全区完成了"大调解"体系建设，铺开了物业管理进小区工作，启动了优化执法环境系统工程，实施了出租屋分类管理，不断充实大综管新格局的内涵。

最后，它也在实践中受到了检验。在大综管平台下，全区先后开展了"扫雷行动"、"三项整治"和"龙安行动"等多项社会管理的综合整治，每次集中行动动员各方力量在 2 万人左右，通过各项行动将各类隐患排查在网格、整治在网格、消除在网格。据不完全统计，自 2008 年至 2010 年，全区共排查各类隐患 6.4 万多宗，整改 6.3 万多宗，整改率达 99%。"大综管"在掌握信息、排查隐患和整治隐患方面显示出了巨大的优越性。

深圳市龙岗区"大综管"格局受到了各级政府的肯定并要求予以推

广。2007年9月，中央综合治理委员会平安建设督导组评价"大综管"新格局"是一种创新，符合新时期综合治理工作的特点和规律，在全国都具有推广价值"。2008年1月，"大综管"新格局在国家发改委主办的第七届中国改革高层论坛上获得"中国改革十大创新案例奖"。自2008年以来，"大综管"新格局的影响越来越大。原广东省委常委、深圳市委书记李鸿忠同志和现广东省委副书记、深圳市委书记刘玉浦同志都多次做出重要指示。2009年1月，深圳市委书记刘玉浦同志到龙岗区检查指导工作时对"大综管"进一步做出了高度评价，并要求结合深圳市行政管理体制改革和落实《珠江三角洲地区改革发展规划纲要》的契机，进一步完善"大综管"格局。这表明，"大综管"符合我国政府治理创新的方向，故而得到了基层的认可、领导的肯定、群众的拥护，使之具有较强的生命力。2010年，深圳市龙岗区"大综管"格局的影响越来越大，来自各方的力量正推动着"大综管"不断成熟和进步，迈上新台阶。

二　深圳市龙岗区政府"大综合管理"格局的网格化架构

龙岗区政府牢固树立了"发展是政绩、稳定也是政绩""发展是第一要务、稳定是第一责任"的执政理念，解放思想，大胆探索，从2007年10月基本搭建起基层社会管理"大综管"新格局，其架构是：以区、街道、小区"大综管"工作中心为平台，以推进数字化城市管理为支撑，以建立网格化责任机制为基础，通过整合条块管理力量，创新行政管理资源分配，初步构建起综合治理、综合管理、综合服务三位一体的基层城市和社会管理长效机制。

（一）龙岗区政府"大综管"格局的运行实质

龙岗区"大综管"系统是建立在城市网格信息资源共享的基础上的。它是以网格化为基础、以信息资源集成为核心、以"综合管理、综合治理、综合服务"三位一体为主要内容的格局。其目标是实现高效率的、主动式的、协同型的城市网格化管理模式，目的是突破现有政府传统管理的条块分割模式，建立基于城市网格信息共享的跨部门政务协同模式。因此，整个"大综管"聚焦于突破政府的条块分割体制，在城市管理信息共享的前提下建立长效的管理机制，实施协同型的网格化管理。其实质是在网格化（"大综管"）框架中，通过信息资源的集成实现信息的互联互通和开放式存取。

"大综管"系统作为建设"城市网格"的构想，把整个龙岗辖区视为一个大的计算平台，通过网格技术，推进信息资源的整合、共享，建立了跨部门的信息共享和利用机制。为了保证这一目标的实现，龙岗区2008年开始重点推进15个街道的"三综合"管理信息化试点工作。到2009年，龙岗辖区的街道基本上达到了小区服务个性化、自助化、网格化与智慧化。属于政府"大综管"范畴而需到政府办理的事项，均可以通过网格交互办理。

首先，龙岗区"大综管"网格化的根在小区信息化，小区信息化在龙岗网格化管理中发挥着不可替代的作用。为了保证小区信息的上下沟通、纵横连网，"大综管"网络运行平台实现了编制单元与行政单元、市政社会服务单元三者相统一，把专业规划、行政资源和基础设施有机联系。依据分级管理的原则，每个层级按"三综合"管理的职能要求，横向分解为若干承担具体任务的子系统网络，并在纵向上为下层次网络的运行提供具体的操作策略和设计条件。这一设计思路在最大程度上提高了对小区、企业服务的效率，方便了广大群众。

其次，龙岗区"大综管"网格化管理在后台上按照业务领域为主要内容的全生命周期管理所涉及的主要政府业务进行梳理，形成面向人口、企业与小区三大要素管理优先支持的政府业务。总体上，龙岗区大综管业务分为三大领域，即综合治理、综合管理、综合服务业务领域。对每个业务领域，识别出业务过程，再将业务过程分解为业务活动，用需求分析工具（UML）进行描述，绘制出该业务过程的业务视图，然后对业务过程按层次关系确定在区大综管（综治信访维稳）中心、街道大综管（综治信访维稳）中心、小区大综管（综治信访维稳）中心。将"大综管"涉及的主要政府部门对其业务过程进行相同的描述，形成业务参考模型库。

最后，龙岗区"大综管"网格化在信息集成上，为了打破传统的部门"信息孤岛"，一方面，以三个层级为单位，实现每个层级综合管理信息集成化。以现代化信息技术为支撑，建立以事件、作业（服务）、管理、执法、回馈、监督、工作流程在内的综合管理数据库，开发用于政府综合管理监督的信息多功能专用工具，着力提高政府综合运行管理的科技含量。另一方面，以条线为依托，完善政府综合管理规范化的信息流。通过层级内与层级间的信息集成，进一步完善政府信息"四个环节"［即大综管中的作业（服务）、管理、执法、监督等四个信息环节］的流程，由此组成"大综管"网格化管理的综合体系，从而真正形成政府综合治理的长效机制。

（二）龙岗区政府"大综管"格局的组织架构

龙岗区"大综管"形成了完整的组织结构。在人员配置上，对各部门的基层协管力量进行了全面整合，整合后的队伍由"大综管"中心统一调度指挥。这一组织架构具有以下特点。

一是重组社会管理组织架构。在区级层面，依托应急、公安等六个职能部门，分别成立了维稳综治信息、应急协调、平安建设、社会矛盾人民调解、治安防控、矛盾纠纷排查化解六个中心，进一步推进各部门之间的联动协调；各街道和小区分别按照"多位一体"和"五室一厅一队"的模式重新调整了社会管理架构。

二是重建社会管理职责体系。合理划分各部门之间及区和街道之间的职责分工，理顺条块关系，实行"纠纷联调、治安联防、工作联勤、问题联治、平安联创、人口联管"的六联工作机制，完善"党政领导、条块结合、以块为主、上下联动"的工作体系。在保持街道各部门基本职能不变的前提下，将分属各部门的编外辅助和协管力量统一分配到各小区和管理网格，由小区统一调度，形成"一员多能、一人多责""同网同责、同奖同惩"的工作格局。

依据上述特点，区、街道、小区都成立了"大综管"领导小组及"大综管"（综治信访维稳）中心，形成了三级领导、三级架构。区里由区委书记任组长，区长和分管政法工作的副书记任副组长。区大综管（综治信访维稳）中心挂靠区综治办。街道大综管（综治信访维稳）中心下设信息指挥、综合服务、诉求服务三个平台。小区大综管（综治信访维稳）中心与小区工作站"两块牌子、一套人马"。

1. 区级架构

区成立了"大综管"新格局领导小组，由区委书记任组长，区长任常务副组长。在"大综管"领导小组下设立了十大系统（中心），并纵向延伸到街道和小区。由区应急指挥中心牵头，组建应急协调系统；由区安监局牵头，组建安全管理系统；由区人口计生局牵头，组建计生管理系统；由区综治办牵头，组建出租屋管理系统；由龙岗公安分局牵头，组建群防群治系统；由区建设局牵头，组建物业管理系统；由区城管局牵头，组建城市管理系统；由区科技局牵头，组建信息系统；依托区信访局，设立区诉求服务中心；由区农林渔业局牵头，组成海上大综管中心。十大系统（中心）相互独立、相互补充，每个系统（中心）由同级一名副职为责任人，牵头单位负责建立相应工作制度，制定具体工作措施、工作标准和考核验收办法。

2. 街道架构

首先成立了街道大综管（综治）工作领导小组，由街道党工委书记任主任，街道办事处副主任任常务副主任。维稳及综治办、综合执法队、公安派出所、司法所、信访办、计生办、城管办等部门主要负责人为领导小组成员，工作人员从各相关单位抽调。在街道大综管（综治）工作领导小组下设立了街道大综管（综治）工作中心，为正科级事业单位，在管理体制上归属街道维稳及综治办统一管理，在工作模式上与维稳综治办"一办一中心、捆绑运作"。各街道大综管（综治）工作中心日常工作由街道党工委分管政法的副书记主持，在区"大综管"新格局领导小组及办公室的领导下，负责辖区维稳综治和城市、社会管理工作的组织实施。

3. 小区架构

小区成立了大综管（综治）工作中心，与小区工作站"两块牌子、一套人马"。小区大综管（综治）工作中心主要由"一个平台、两支队伍"组成，具体负责小区大综管（综治）各项日常工作。"一个平台"就是在小区一楼统一建立"大综管"服务平台，即小区社会事务综合服务大厅；"两支队伍"就是协管队伍整合以后形成的综管员"基本队伍"和"机动队伍"。每个小区划分成了不同的网格，小区网格实行"一人一格、五格成网、网长轮值、责任连带"的组织形式，主要负责信息采集、传送和回馈等工作。网格划分的主要指标是网格内的出租屋（包括商住和工业厂区）和外来人口的数量，参照指标为每400—600户或者1000—1500人划分一个责任网格。

具体的组织架构如图5-1所示。

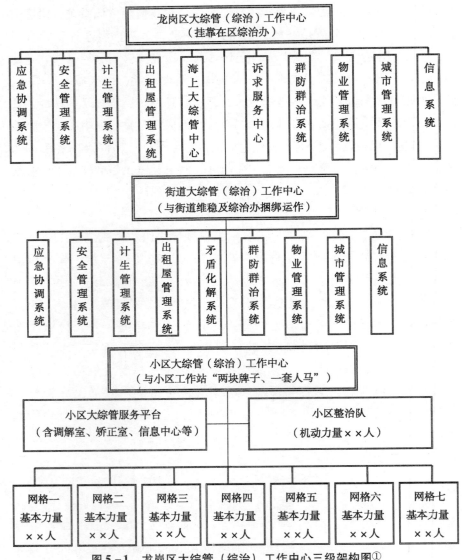

图5-1 龙岗区大综管（综治）工作中心三级架构图①

（三）龙岗区政府"大综管"格局的工作内容

"大综管"新格局以综合治理、综合管理、综合服务为主要内容，以网格化为基础，以履责真正到位为核心，以提高工作效能为重点，以突出

---

① 龙岗区大综管领导小组：《龙岗区大综管新格局操作手册》（内部资料），2009年版，第4页。

抓好管理力量整合、责任细化到人、干部包点网格和强化监督落实为主要手段，是基层治理模式的实践探索。这里所说的综合治理涵盖信访维稳、社会治安、纠纷调解等工作；综合管理涵盖城管、计生、安全、出租屋、清无（清理无证人员）、查违、禁毒、应急等工作；综合服务涵盖为辖区居民和企业提供出租屋登记、居住证办理、劳动社保、小区救助等服务，三者互相联系、互相促进，是统一整体。

面对严峻的社会维稳形势，现行管理机制与管理手段显得越来越不适应。制度创新的供给滞后于需求，只有通过制度创新才能从根本上提高工作效率。"大综管"通过分类分级管理，形成了环环相扣的治理机制，最大限度利用行政资源，最大限度做到便民服务，妥善处理各种棘手的矛盾。

一是开展大调解，全力排查化解社会矛盾纠纷。整合劳动、司法、信访力量，在街道设立了诉求服务中心，健全街道、小区、居民小组三级调解组织，建立定期排查、重信重访问题专项排查、特别防护期排查及重大矛盾纠纷上级挂牌督办等制度，实现了人民调解、司法调解和行政调解有机结合，2007 年 8 月以来，各级"大综管"工作中心化解各类矛盾纠纷近 13000 余起、处置各类群体性事件 261 起，群体性事件同比上年同期下降了 16.21%[①]。

二是实施大整治，解决基层管理突出问题。发挥"大综管"平台作用，针对存在突出问题隐患，全方位开展"扫雷"行动、"三项整治"和"龙安行动"等多次社会治安综合整治，将隐患排查在网格、整治在网格、消除在网格，2008 年以来，共排查出各类隐患 34000 多宗，已整改 33000 多宗，整改率达 99%。

三是促成大管理，实现城市和社会的精细管理。将基层城市和社会管理涉及的 16 类 64 项主要工作落实到各小区和网格，建立科学划分、无缝衔接的责任体系，实现了社会管理常态化和精细化；推进物业管理进小区，2010 年已在 156 个小区引入物业管理，从 2007 年起 3 年内投入 4 亿元，实现小区物业管理全覆盖。

四是实施大防控，构筑全方位防控体系。投入 3 亿多元，建成 5.3 万

---

① 深圳市龙岗区委政法委：《深圳市龙岗区委政法委统计报告》，深圳市龙岗区委政法委，2009 年 3 月（内部资料，文中出现的各项数据除有特殊注明之外都来源于此）。

个电子监控点。以院区式小区建设为龙头,建设院区式小区 728 个,市安全文明小区 685 个,覆盖了全区 90% 的居住面积、73% 的出租屋和 68% 的暂住人口。

(四) 龙岗区政府"大综管"信息资源集成的运行特点与机制

行政资源的有限性及管理对象的复杂性之间的矛盾是龙岗社会管理面临的现实挑战,龙岗区"大综管"通过信息集成整合管理资源、整合工作网格、整合管理职能和整合信息平台,实现了资源的优化配置,建立了新的管理运行机制。它不仅是一种创新的工作机制,更是一种创新的工作思路和工作方法,就这个意义上认识,它是一组集成创新,具有下述特点。

一是整合了管理力量。对全区 15 个部门的基层协管力量进行全面整合,形成一支近两万人的综合管理队伍,分配到"大综管"工作中心统一调度、指挥。

二是整合了工作网格。全区将 13 个街道中网、147 个小区小网和 1441 个工作网格统一为一张大网,将原来的计生、城管、公安等各部门的工作网格统一到"大综管"中,同时将"大综管"从陆地向海上延伸,全区的海域被划成 22 个网格,沿海各小区的 1005 艘渔船及 2350 名海上作业人员全部被纳入到海上"大综管"的网格中。

三是整合了管理职能。"大综管"工作中心以维稳综治为主线,将社会治安、流动人口出租屋管理、计划生育等社会基层管理职能整合在一起,由中心统一组织开展。

四是整合了信息平台。通过整合各部门的信息业务,逐步建立起一个覆盖区、街道、小区,连通各个职能部门的统一信息平台,实现城市和社会管理信息的共享和互通。

五是整合了社会管理运作流程。对社会管理各个环节进行全面梳理,规范各个管理接口运作,建立"统一受理、归口办理、中心督办、限期回馈"的运作模式,形成环环相扣、无缝链接、死循环式的管理链条。同时创新制度设计,建立了信息汇总分析、联席会议、情况报告、交办督办、责任倒查、治安评估、考核激励等七项基本工作制度。

龙岗区"大综管"在运作模式上,采取"多网合一"的办法,在地理信息系统网格配置的基础上,将各部门的原有工作网格统一到"大综管"网络中，覆盖全区每个角落。在条块关系上，各职能部门承担的法定职能保持不变，强化督导检查功能。具体工作下达到小区、细化到网格，形成条块结合、以块为主、齐抓共管的工作合力。

"大综管"在运行机制上凸显了信息资源集成化的理念。支撑区、街道、小区网格化建设的主要手段是：构建政务协同工作平台，前台实现一体化服务，后台实现一体化运作。其具体运行按同层级网格化管理的业务流程梳理。在每一层级业务域划分的基础上，进一步实行业务流程的梳理。业务域之下是具体的业务流程，在每个划分好的业务域中详细梳理各个业务流程。

第一，实施小区政务工作平台，整合市民服务的前端系统，为市民提供一体化服务。通过统一受理，实现对市民的一体化服务，并根据具体的需要将工作延伸到居委会，方便市民要求。在区、街道、小区建立相应的数据库，支持各个层级的政务工作。

第二，建立信息交换平台，整合信息资源，形成后台一体化运作。通过信息交换平台，实现条块信息资源的整合。小区政务工作平台通过信息交换平台获取条线信息资源，完善实有人口数据库，条线信息系统通过信息交换平台从小区实有人口库中获取块上的信息资源。条块之间的信息交换和使用与其履行的职责相对应。

第三，构建业务协同工作平台。建立起可以配置的业务流程库，以便支持跨部门业务协同。在业务流程库的支持下协同纵向和横向的工作，实现一体化运作，同时自动显示业务办理进度，方便市民查询和内部效率监察。建立健全权限控制机制。

三　深圳市龙岗区政府"大综合管理"格局的理论探索与实践价值

深圳市龙岗区"大综管"新格局建设为城市化较发达、外来人口较多的地区如何有效整合资源、加强社会管理、推进和谐社会建设，提供了许多有益的启示，积累了一定的经验，并做出了一定的理论探索，具有予以推广的实践价值。

（一）"大综管"新格局的理论探索

2008年年初，"大综管"获得"中国十大改革创新案例奖"。2008年

8 月，龙岗区召开了大综管创新论坛，来自国家发改委、中国行政管理学会及北京大学等单位的专家和领导对"大综管"改革给予了高度评价。认为"大综管"新格局是我国政府基层治理创新的典范，是深化行政管理体制改革的一项重要举措，是一项有益的理论探索，具有实践推广价值。

1. "大综管"新格局探索是打造无缝隙政府战略的实践先导

无缝隙政府，主要是政府整合各部门、人员、信息等资源，以"资源共享、工作协同"为核心，建立统一的服务平台，为公众提供优质高效的信息和服务，目的是突破传统政府组织的部门界线和功能分割局面，消除横向部门之间、纵向上下级之间的缝隙。打造无缝隙政府是一项系统工程，要求政府各职能部门及基层政府机构以企业、居民的利益为本，从便利企业及居民而不是自身管理工作角度出发，砍掉、保留、改进、整合或增加业务项目及人财物和信息等诸多资源，再造工作规范与操作流程，从而服务辖区企业与居民。

虽说目前我国各地政府广泛开展的效能政府建设、目标责任制、全面质量管理、公众评议等实践活动曾经使政府的衙门形象有了很大改观，但这些改革多半发生在条上的政府职能部门或单一的项目实施过程中，涉及众多的政府条上职能部门、块上基层政权组织和辖区企业及居民基本公共需求和权利保证的综合式资源整合却几乎没有。龙岗区"大综管"新格局之所以被广泛赞许，其资源整合作用力度深、难度大、复杂性高应是主要原因。而"大综管"新格局的这种高度资源整合经验对于龙岗区下一步打造无缝隙政府战略的全面实施，借鉴价值十分巨大。

2. "大综管"新格局实践创生了政府职能转变的新载体

为了转变政府职能，贯彻《珠江三角洲地区改革发展规划纲要》指明的改革方向，并落实中央文件多次强调的要将职能重心放到社会管理和公共服务上面，龙岗区"大综管"新格局创生了快速城市化区域承担繁重社会管理和公共服务任务的新型责任主体。该体系通过建立以数字化城管网格为基础的各具特色的全覆盖性的网格体系，在有限的人力、物力、财力及小区自治力量的共同努力下，较为有效地承担起了各自辖区内的治安管理、流动人口和出租屋管理、矛盾排查调处、安全生产、查违、清无、计生、禁毒、城管、应急等 16 类 64 项基层社会管理职能，并在一定程度上为辖区居民提供了包括信访代理、人民矛盾调处、公共信息查询等多项服务。新载体的出现，一方面，切实落实了辖区居民及企业可资依靠与问责的政府责任主体；另一方面，提升并发挥了相关政府职能部门的履职效率与效能，从实质意义上促进了政府职能的切实转变。

3. "大综管"新格局实践重塑了城市化区域城市管理体制的基石

对于成熟的现代化城市区域，已有的城市管理体制虽然也存在不少问题，但相较正处于城市化进程中的那些区域，其管理的复杂性与难度要小得多。所以，其创新改革的动力与迫切性也不是很大。龙岗区的情况格外不同，叠加在特殊规划水平基础上的特殊区位、特殊产业层次、特殊人口状况造成了特别严峻的社会管理形势，在政府力量难以一步到位的现实情势下，"大综管"新格局通过建立全覆盖的网格体系，利用统一的电子信息平台，发动政府、基层自治组织及辖区居民个人三方力量，按照"统一受理、归口办理、中心督办、限期回馈"的信息化工作模式，打造了不同既往的新型城市管理体制，目标直指政府的精细化、规范化和常规化管理目标。

4. "大综管"新格局实践开辟了城市社会公民自治的参与管道

计划经济体制下，社会成员的各种权利或利益诉求可以经由所在单位反映到组织层面，小区作为居住场所发挥的作用微乎其微。经济体制转轨后，单位制逐渐松动，演变为单纯的工资契约主体，社会成员工作之外的其他权利或利益诉求只能通过其他管道反映到政府相关职能部门。对于发达的城市区域，虽然也有居委会的存在，但由于住房的商品化及物业管理公司的入驻，彼此陌生的社会成员短时间被培育凝聚为作用巨大的自治组织难度很大。因此，政府若想从转变职能培育公民社会的角度在以商品房为主的现代城市区域中倡导公民自治，工作任重而道远。

但城市化进程中的区域，其居民的自治化程度及自治组织原本就较为发达，尤其是龙岗区目前的街道及小区，都是由原来的村镇改制而成的，其基本的自治组织架构及经济的共同体联络都较为成熟，由此导致居民的自治管理意识及利益共同体观念较为浓厚，因此，参与管理的积极性较高。正如调研中所发现，为弥补"大综管"经费不足难题，龙东小区的股份公司每年要补贴"大综管"费用约300万元。这在城市既有架构下的小区组织中是很难做到的。因此，充分发挥城市化区域既有的公民自治组织的作用，将它们慢慢引导到公民自治健康发展的道路上，实际上是开辟了培养公民自治管理能力的新路径。

（二）"大综管"新格局的实践价值

"大综管"新格局自实施以来，得到了基层认可、领导肯定、专家赞赏、群众拥护，使基层社会管理的效能在提高，服务质量在提升，行政成本在下降，整个龙岗地区社会治理的水平有了整体提升。这说明"龙岗的'大综管'模式有创新有实效，为平安和谐社会建设探索了路径、创造了经验"[1]。

1. "大综管"新格局有效整合了政府资源

实施"大综管"以前，龙岗区在社会管理上存在许多工作网格，各职能部门多头建网、各自为政，工作职能交叉与缺位并存。同时，各职能部门分头建队，全区共有基层协管力量 15 支 25000 多人，主要包括公安巡防队员、小区治安员、出租屋管理员、计生协管员、交通协管员、城管协管员、人民调解员、民兵应急队员、国土协管员、劳动协管员、安全协管员等。实施"大综管"后，全区统一设立了一张大网、13 个街道中网、147 个小区小网、1441 个工作网格，通过区、街道及小区三级"大综管"中心，将原来公安、城管、计生、劳动、出租屋等各部门的工作网格全部统一到"大综管"网络中，责任划分明确且全覆盖，不仅有效降低了职责交叉或职责真空状况，而且缓解了人员紧张局面。

2. "大综管"新格局大幅度降低了行政成本

实施"大综管"之前，面对日益繁重的城市和社会管理任务，龙岗区每个部门都不断要求增编加人。过去三年，龙岗区各类协管力量增加了8000 多人，按照上级部门的配备标准，还需增加近两万名协管人员，仅工资一项每年财政就要多支出近 4 亿元。实施"大综管"以后，龙岗区通过建立统一的数字工作平台，实现了全区数据资源的交互共享、实时更新，保证了条块部门的信息互通、协同联动，不仅大大节约了各部门用于信息开发的资金费用和时间成本，而且减少了各类本应增加的协管力量9836 人，极大地降低了行政管理成本。

3. "大综管"新格局全面掌控并极大程度消弭了区域社会隐患和不和谐因素

在"大综管"平台下，龙岗区先后开展了"扫雷行动"、"三项整

治"和"龙安行动"等多项社会管理综合整治，每次集中行动都能动员各方力量两万人左右，都能够将各类隐患排查在网格、整治在网格、消除在网格。据不完全统计，2008年以来，共排查出各类隐患6.4万多宗，已整改6.3万多宗，整改率达99%。在2008年深圳市刑事案件和广东省信访案件同比大幅上升的情况下，龙岗区刑事案件同比下降2.24%，其中"两抢"案件同比下降14.99%，群众进京上访数同比下降61%，群众安全感达到90%；与此同时，安全生产事故死亡数和交通事故死亡人数分别同比下降9.5%和19.03%，火灾事故下降40.79%。

4."大综管"新格局明显提升了公共服务质量

改革前，繁重的运动式执法和服务行动让各级政府工作人员疲于奔命，忙于应付，缺乏足够持续的精力和时间做好服务群众的工作，并出现了政府行为和群众需求的脱节。"大综管"新格局实施后，建立了规范的长效机制，脱离了运动式、指令式的行动，政府提供公共服务更加规范和长效，公共服务的质量和水平也得到了大大提升。调查数据显示：83.33%的公众认为"大综管"提升了公共服务水平，取得了很好的效果。

（三）"大综管"新格局可资品评的行政改革理念

龙岗区"大综管"新格局建立于特殊的快速城市化区域，具有一定的偶发性和特殊性。但其偶发性和特殊性皆源自于现实土壤，并因处于改革开放前沿地带的快速发展期而使其面临的管理困境具备较强的先发性与超复杂性，对于国内其他快速城市化区域及一般城市区域具有较强的借鉴价值。

1. 统一的信息网络平台是服务型政府建设的技术基础

政府若想提供符合辖区实际的社会管理和公共服务，没有一个统一的、关于辖区经济社会发展全方位状况的、来自一线的信息数据库，其工作的快捷高效及切合实际性无疑是缺乏现实基础的。龙岗区"大综管"新格局利用统一数据采集平台（UDAS），通过建立政务信息资源目录体系和信息资源交换体系，全面掌握了区内信息资源状况，实现了全区数据资源的交互共享与实时更新。同时，由于建立了全区统一的地理信息服务平台，海量数据信息能够与其所在空间位置信息相融合，从而建构起一个有利于属地管理的区域社会经济发展信息库。2010年全区现拥有人口资料 4902098 条，房屋资料 1902394 条，楼栋数据 465206 条，以及单位数据 124216 条。这个容量巨大、分类详尽、集成化高，且能够长期积累、适时更新的数据库，为我们了解和满足群众需求，打造服务型政府提供了充分的技术保障。

2. 明确的人格化机制是责任政府建设的追责依据

基层政府由于要直接面对上级诸多职能部门的业务指导与任务部署，很容易出现首尾难顾的尴尬忙乱局面。实行网格化管理，通过科学合理划分工作网格，将责任落实到具体的网格员身上，可以有效地避免基层组织时常出现的责任推诿现象。而且"大综管"新格局借助信息化平台把制度规则固化于系统之中，将事务的处理流程规范化、常态化，所有的操作人员不分身份都是使用者，都只能按照系统的流程严格执行。系统会全程记录事件信息的登记、上报、分流、承办、回馈等过程，形成电子台账，从而使工作责任的推诿遭遇技术瓶颈。基于综合业务受理系统、协同工作系统和 GIS 应用系统，"大综管"新格局能够运用综合评价模型和实时或定期统计技术，将各单位及其工作人员的业绩自动生成考核结果。这种很难更改或操纵的可靠数据信息，强化了工作人员的责任意识，增强了责任追究的现实可行性，也为基层工作人员被误究责任提供了技术保护。

3. 管理的信息一体化是节约型政府建设的有效途径

"大综管"新格局所建立的基层政务信息系统通过信息的统一采集、共同分享，整合了信息资源，实现了条块统筹、协同联动。它不仅将各条块部门的所有应用系统都纳入到系统的集成门户之中，而且能够以相当低廉的成本快速开发新的应用系统，将基层政府用于信息系统开发的资金费用和时间成本尽可能地压缩。例如，龙岗区贸工局的全区空置厂房动态管理系统，若按原来的模式开发建设，约需数十万元经费，建设周期为 6 个月。但区信息中心按照这一需求，利用统一的基础平台，仅用 5 天就完成了全部模块的定义并成功上线运行。

4. 多元的治理主体培育是建设公民社会的不懈使命

城市管理不仅是政府的职责使命，更是公民自身的义务与责任。逐渐培育小区的自治组织，积极发挥小区辖区企业及居民的自治及公益精神，不仅要从舆论上引导，更要从财力、物力及专业知识上支持，才能使我们的城市管理体制与现代社会相匹配，也才能为政府职能转变培育出有承载力的真正载体。

　　龙岗区"大综管"新格局自建立以来，得到了基层工作人员的广泛认同，并使辖区企业及居民得到了切实的实惠。继续深化并实实在在坚持下去，必将对龙岗区无缝隙政府建设发挥巨大的推动作用。2010年，深圳市罗湖区正在准备用3年的时间建设一个以区政府为中心，覆盖区、街道及小区三级的小区信息管理与服务系统；而深圳市蛇口街道的《街道网格化小区管理模式工作规范》事实上也正是龙岗区正在践行的"大综管"新格局在龙岗区之外的一次实践应用。这表明，龙岗区"大综管"新格局的实践价值已在彰显，其推广价值正在延伸。

第六章

地方政府网格管理中信息集成面临的问题

　　这是一个信息化的社会，社会生活的各个方面早已经被大量的信息所覆盖，使用信息成为我们最基本的生存方式。而信息对基层社会来说，更是举足轻重，各部门对信息的使用是必需的、迫切的，也是必不可少的，对信息的合理利用既可以用来推动工作进程，提高部门效率，也可以进行业绩分析和效果评估。地方政府在基层社会信息资源集成化过程中，层级限制，技术欠佳，这种体制和技术没有配套的局势，势必导致技术创新和体制创新空间受阻，新技术、新系统难以获得体制上的支持。大家都说："技术不是问题，最大的限制就是体制"，所以，不仅要实现技术创新，而且要伴随着制度的创新，要使二者合理化、协调化。所以，这些问题在一定程度上给地方政府信息技术和相应体制的创新带来了阻碍。

一　信息资源集成主体方面

（一）信息采集主体

1. 信息采集主体的责任分散

　　信息收集是信息利用的第一步，也是最关键性的一步。信息收集的完整性、全面性、及时性直接影响到信息的利用效果和信息的存储价值。信息收集工作的好坏，直接关系到整个信息管理工作的质量。作为信息收集的主体，在信息质量上负有很大的责任。以深圳市南山区政府为例，其相关部门会对人员信息的收集量做出硬性规定，所以当人员在收集信息过程中，如果没做到位或者没收集够所需信息，就会偶尔假造信息或者从同事那里获取一些并非真实可靠的信息，来完成自己的工作任务；存在着为收集信息而收集信息的行为。这些失真的信息无法达到合理分析和利用的目的，在利用这些信息的时候也必然会造成部门假象，这既不利于部门的健康发展，也不利于信息资源管理效率的提高。由于信息员的责任分散性、能力有限性，限制了信息收集量，并影响到了信息收集的真实性。而且，发展信息员需要财政支持。

2. 行政人员信息能力有待提升

信息获取能力是信息集成能力的基础，是人们能够利用信息的基本能力，是善于从复杂情况中筛选有价值信息的能力。随着网络的快速发展，传统意义上的正规信息传输管道和非正规信息传输管道的界限变得越来越模糊，信息的发生源和信息的传播途径要比传统社会复杂、广泛得多，信息载体的多样性和信息管道的复杂性，使得以经验为基础的传统获取信息的手段无效或者低效，现代化的信息搜集工具和信息采集系统成为部门必不可少的工具。地方政府虽然在一定程度上具备了一些获取信息的工具（如图像采集系统、PDA 移动终端等），但仍无法满足各个部门强大的信息需求量，信息获取的途径和方法缺乏。

信息的使用是对信息收集的延续，是信息能力方面最重要的一个环节，也是信息收集和整理的主要目的。地方政府在信息使用方面，效果不明显。例如，信访局对所收集到的信息，只是作为一段时间同比和环比的参照物，然后进行前后比较，比较过后如果发现问题就继续改进，继续完善，没问题的话就不再使用。又如，出租屋管办对信息的使用一般只是停留在姓名、性别、身份证号等基本信息上面，而其他的信息虽然搜集了很多，但真正用得上的很少，这不仅造成了信息资源的浪费，还耗费了大量的人力、物力和财力。

（二）信息收集方式

1. 信息收集方式（载体）单一

信息的收集是一项复杂的工程，通过单一管道是无法实现的，特别是一些基层社会中的信息收集，因为这些部门信息的需求量大，对收集信息的质量和时效性要求也高。信息的采集远远不能满足或适应治理模式变革下的信息结构与信息数量需求。目前，地方政府各个部门收集信息的方式主要是入户收集、PDA 移动终端采集、纸质登记、图像采集系统采集、窗口信息采集等。但实际上只是以入户收集和纸质登记为主，比如流动人口和出租屋综合管理办公室一般是通过纸质登记来收集信息的。PDA 采集终端，如居住证改写仪等因缺乏维护经费而几近停用。方式太过单一，没有一个可以整合各种手段的多元系统来采集所需信息。

2. 信息失真现象突出

信息失真是指收集或者传达的信息失去本意或者本来面貌，或者说输入信息与输出信息不一致，出现差异的现象。地方政府各部门中，因为信息的需求量大，信息的收集方式单一传统，再加上层级之间限制和部门之间沟通不畅，相关信息在传递的过程中就会产生前后不一致。比如，信息从高层传递到基层的过程中，如果传递层级过长的话不免会引起前后信息的偏差，引起信息失真。特别是由于基础信息（人、楼、房、婚姻信息）的变化性，信息采集对象的主观排斥性，信息采集主客体之间的沟通障碍等使得这些基础信息的收集存在困难，某些信息即使收集到了，它的真实性也无法评估，所以失真问题不可避免。

另外，还存在伪信息现象。出于人员任务繁重，为了达成目标，完成指定任务，有很多数据都是自己填写，或者询问同事，结果导致不少信息真假难辨，特别是一些基础数据统计口径不一致，使信息的使用不准确。而这样得来的信息势必缺乏准确性和真实性。另一方面也是因为明明现实中问题不多，但是因为考核鼓励人员发现问题，结果导致伪信息泛滥，妨碍社会管理。其中，很重要的一个就是人为原因，因为在特殊情况下，领导需要下属的成果和报表，而下属又由于客观原因无法收集到全面而可靠的信息，这样就会引起信息的失真。

3. 存在信息重复收集现象

受制于信息分配模式与管理体制，"一格三员"并未有效防止信息重复收集的问题。各部门在信息的重复收集方面表现突出。由于部门职能交叉性，使得所用信息是重叠的，但是由于各部门对接不好，相互之间没有实现信息的共享，部门沟通不畅，所以导致信息收集重复。

例如，出租屋综管办有一个流动人口和出租屋综合管理系统，这个系统功能很多，信息储存量也很大，有公安居住证信息、居住证改写信息、流动人口和境外人口信息、执法条件信息、出租管理信息、合同档案信息、房屋信息等多种信息。比如，公安居住证信息，这个可以和公安部门共享，当这些出租屋系统、小区警务系统、常住人口信息系统实现整合时，就可以减少这两个部门的压力。执法条件信息可以和司法局或者城管局共享，相互之间信息的整合和筛选可能还会得到更多、更有效的信息。

（三）信息储存与分布

1. 信息存储静态化

信息存储静态化是指信息存储之后无法自动更新，存储的信息只能是被动使用和查看，信息存储后只能生成静态页面，有一些成为"死库"。其中绝大部分信息以纸张为存贮载体，还没有转换为数字化的信息资源。这种页面式、图片式或者网站式的信息存储载体，使得备用信息无法自动更新，需要自己刷新，且不利于修改。因此，这个系统中的信息只能被静态取用，数据库中的信息也只有管理员才可以修改或者删减。

信息的静态化还会使开发上复杂度增加，维护难度增加。比如，政务公开科面临的一个问题就是系统升级之后旧系统的信息就会无法导入，OA 系统每次版本升级都会产生数据难以导入的问题，有时候，升级过程中会丢失某些数据。所以，这种静态化的存储系统必然给部门带来弊端，我们真正需要的是数据的适时更新及动态加载，而不是一个个简单的原型接口。比如，信访局的信访平台公众留言页面，这只是一个信息的呈现页，页面的读取量大，而回复是在后台发布的，因此，信息的互动交流过于静态，只能通过计算机登录，以网页的形式回复，由于虚假信息的存在，信息告知只能通过短信手段，而不能用手机或者其他移动设备。

比如，小区党风廉政建设公开管理信息系统平台，它主要通过建立标准的信息采集模板、规范的信息审核流程和适时的信息监督评价，实现对信息的全程监控，但对全区的各部门来说，标准的信息模板等难以通用，信息监督评价也没有完整的体现，适时监控存在局限性和动态性不足的问题。

2. "信息孤岛"现象依然严重

地方政府在基层社会的管理过程当中，既存在着外部"信息孤岛"，又存在着内部"信息孤岛"。就外部方面而言，各部门没有真正实现信息互联互通、资源共享、网上政务协同。比如，政法委、信访局、民政局等都各自有自己的信息系统、自己的数据库、自己的操作系统和自己的应用软件与用户接口，每一个信息系统都是由自己的部门管着，它们各部门之间的系统相对来说是独立的。结果导致社会大众没有真正享受到一站式的办公服务。就内部方面而言，在部门内部，人员之间、科室之间也存在着"信息孤岛"现象，子系统无法衔接，从而内部信息无法在一个平台上整合。比如，全公安局一共有十几个系统，包括出租屋系统、小区警务系统、常住人口系统等等，但这些系统之间信息无法整合，结果，这些系统孤岛引发"信息孤岛"和数据孤岛。各部门由于标准不一、自成一体，缺乏有效整合，因此政府"大小部门间"形成了一个个"信息孤岛"，隔断了部门内外联系，致使丰富的信息资源难以得到共享，这样就严重影响了信息化的整体成效，对信息资源的共享形成阻碍，也严重阻碍了政府信息集成的总体进程。

3. 信息资源与权力分配不均

信息资源是组织成长的基本资源，它对组织的发展起着基础性的作用，具有使用价值，可以满足部门的特殊需要，也可以用来为社会服务。由于各部门、各行业、各区的信息量分布和网络技术水平之间的差异很大，因此，政府信息资源在不同地区、不同行业、不同部门之间的分布不均衡。而部门之间的信息分配不均，实质上也就是权力分配不均。这就使在不同部门及同一部门的不同层级、节点之间存在着"信责不等"的现象。不同的职位等级具有不同的权力和声望，因此，他们各自占有的信息资源不同，对信息资源的占有和配置也不均衡。这就阻碍了不同部门之间搭建信息传递链条的能力。这些问题一方面取决于此部门技术能力和体制限制程度，另一方面也在于部门自身的特殊性。而有些信息资源表现出临时性，不能起长期作用，主要原因在于事件的非常态化。因此，信息资源和权力的分布不均现象一方面使得相关信息不能被充分利用，造成了信息资源的严重浪费；另一方面，部门之间的差距也使得信息化应用的内在动力和推动速度不均衡，信息差距现象突出，这在一定程度上给各个部门的信息化建设的推进带来了阻碍。

4. 信息内部化问题突出

从调研来看，各部门大都有着信息共享的需求。行政事务的跨部门特性也使得部门间的信息交换、流转有着必然性。但信息资源的权力性质，使得各部门在行政事务中都不愿主动交出信息，存在着"怕吃亏"心理。在信息集成化过程中，信息的内部化问题表现突出。由于上文所提到的部门之间信息权分配不均，使得他们所占有的信息资源的多少各异。所以，有些信息与社会组织对接不畅，导致信息的内部化。多系统并存，也使信息分布条块化。在地方政府的信息系统建设过程中，没有打通部门壁垒这一堵无形的墙，信息系统没有实现共享。

二　信息资源集成构成方面

（一）信息资源集成的结构缺陷

1. 政务信息和社会信息对接不畅

政务信息是社会管理中信息资源的重要内容，如今，政务信息公开作为建设阳光政府和透明政府的前提，已成为民众了解政府和监督政府的一个重要方式。南山区信息的收集以政府治理的领域或者职能部门的信息需求为限，对于社会需求的信息则关照不足。各个部门和一些社会组织的沟通很少，政府部门和社会组织信息互动缺乏，在信息资源上没有完全实现对接。信息资源的集成主要限于政务信息资源，对社会信息资源，以及学习型、科普型信息资源集成关注不足。

2. 舆情信息采集不到位

舆情信息作为一种民众意愿的表达，是指某一个社会事件发生后，民众对这件事所持有的情绪、看法、意见和政治态度。舆情不仅是民意的一种综合反映，也是人们对"事件"的情绪、意见、要求、思想和政治态度。比如说，人们对重大维稳事件、突发性事件的政治态度，对信访结果的满意度和主观情绪。对地方政府来说，舆情信息的采集还不到位，主要原因是各自为政。舆情信息主要由宣传部信息科在管理，在综治办没有专门舆情分析机构。在公安部门，有一个专门研究舆情的情报研究室，每日有舆情快报。而其他的舆情收集方式如访谈、媒体、互联网、社会调查等在采集舆情信息方面也没有用到。

3. 信息资源的集成量不足

信息的需求是最基本的需求，是开展下一步工作的原动力，是推动部门正常运营的基础元素。深圳市南山区在信息资源集成方面之所以有很多困境，一个很重要的原因就是信息的集成量不足，未能真正形成社会管理中所需的"大数据"。例如，城管局不仅需要立案信息、小区物业相关信息，还需要流浪人群、超门店经营等信息；司法局就需要矫正人员信息、特殊儿童信息、普法信息等；出租屋管办就需要楼栋信息流动人口信息、房屋信息、租赁管理等信息。但是，在现有的情况下，相关需求信息太少，需要大量工作人员去采集，但由于技术和现有各种条件的限制，有关信息还是无法真正地掌握，结果导致部门信息需求量严重不足，不仅影响了工作效率，也降低了部门绩效。

4. 监督性信息碎片化

在信息监控方面，虽然具有一些门禁视频、探头等监控装置，但一些基本的信息系统，如报警系统、小区监控、出租屋监控等系统还没有建立起来。各部门只是对自己的相关事项进行监控，信息监控碎片化现象突出，也存在一些多头监督并存，如市里的监督、区里的监督还有街道自身的监督并存，这不仅造成了资源的浪费，还使得多种矛盾出现。

（二）信息资源集成共享的缺陷

1. 单向、低效的信息流转

流转的内容和结构具有局限性。地方政府各部门在信息流转环节，主要由 OA 转送和 12345 信息转办来实现，但是由于牵涉多职能部门的问题，不同部门之间难以通过现有的系统进行转办，再加上相关数据的储存和查找必须保留原始纸质材料，所以，公文、电话、信函等方式使得流转的内容和结构具有局限性。同时，由于缺乏信息回流机制，信息资源没有形成流转循环，仅有的"回告"机制的运作范围十分有限。

2. 部门之间卸责

地方政府基层社会管理过程当中，因部门职责不清，部门之间"踢皮球"情况屡见不鲜。比如，信访局的 12345 信访热线，目前扮演的角色不仅仅是信访热线，而是一种集多种事务和功能的服务热线，基于上访人员分不清哪些事情由哪些职能部门解决，以及 12345 本身的好记方便，使得人人有事就打这个热线，而这些事务本身职能交叉和责任不清导致信访局转办的过程中难免出现遗漏或者错误。在这个热线上，百姓回馈的问题包括教育、医疗保险等不完全属于信访的问题，也交给信访局解决，在这种情况下，信访局只能把业务转办给相关职能部门，这样不仅降低了效率，还使得问题流程烦琐，压力过大。

部门内部人员只是做到了各司其职，各尽其责，而对于一些需要改进的方面缺乏主动性，大家都觉得领导没发话，我们没必要管，干好自己的事情就可以了，多一事不如少一事。这样就形成了部门内部工作的保守性和被动性。不仅取决于观念上的惰性，还取决于人员素质和体制约束。又如综治办和政法委，一些属于城管、公安、民政部门该解决的问题，而这些部门在没法解决或无力解决的情况下，都交给综治办，结果不仅导致管理上的混乱和综治办工作压力过大，而且问题解决的成功率也大为降低。综治办对职能部门的信息发现与排查，相关部门不愿接受，认为是给自己找事。

3. 存在部门自设壁垒问题

部门壁垒导致部门之间各自为政，沟通不畅，缺少配合，彼此排斥，缺乏分享理念、共享理念和沟通理念。南山区的某些部门之间没有有效的沟通，信息交流方面仅有的只是电话、发函等方式，在这种情况下，信息的分享者虽然了解到了相关信息，但是由于沟通障碍和方式的局限性，信息的需求者获取的只能是片面的、被动的、不准确的、不及时的信息，这就意味着信息链中断，部门之间无法全面、准确、及时地对信息进行处理，各部门不能协调一致地开展相关工作。

信息资源产权的部门化造成了政府信息资源的开放共享与部门所有之间的矛盾，这一矛盾构成了实现共享的直接阻力。一种是维护直接经济利益的阻碍共享，另一种是维护本部门的权力阻碍共享。在政府部门中，信息能力影响着部门的地位与影响力，一些部门担心信息的流转代表着权力的流转，因而千方百计封锁数据，拖延信息共享，而根本原因则在于部门利益。同时，信息作为一种权力手段，部门拥有的信息资源可能会成为这个部门拥有的政治权力。因此很容易导致信息资源的部门控制，把自己掌握的信息资源当作寻求政治利益和经济利益的筹码，形成信息垄断，进行信息寻租。

三　信息资源集成运行方面

（一）信息资源的集成机制方面

1. 信息资源集成标准不规范

例如，公安局对于业务指导部门的内容是不公开的，他们觉得公众需要的是政府工作的一个大的方面，涉及民众，向公众公开的是服务性的。对于什么东西可以公开，什么东西不可以公开，什么东西到什么时候可以公开，以及公开后应该用什么处理危机的办法，因为没有一个标准，所以当别人不确定的时候就会选择不公开，以避免麻烦。

2. 信息资源共享动力机制缺乏

实现信息的共享，达到信息资源的最佳配置，是提高信息资源利用率，避免在信息采集、存贮和管理上重复浪费的一个重要手段。信息资源共享存在层级性、部门性的壁垒。在信息资源共享方面，缺乏相应的信息共享的激励、惩处机制，导致信息共享动力不足。各个协调部门和职能部门之间信息流通不畅，部门之间及人员之间缺乏信息的交流和互动，无法整合信息资源，导致资源的重复和浪费。

对信息资源的利用，一般会涉及多个部门，比如公安部门，由于对信息的保密性，所以很少对外开放人口信息，而其他部门要使用公安部门的人口信息，就需要通过行政指令来协调获取这些信息。因此，在这方面信息的共享上，存在部门之间难以协调的问题，行政指令并不能发挥绝对的作用。另外，没有明确的法律机制来推动部门之间信息的共享。总之，相关的行政指令不稳定，相关条例也没有建立起来。

3. 联合执法的运动式集成常态化

联合执法是指有多个执法部门联合组成的执法机构，但是，执法过程中，是需要以各自的名义对事件进行处理的。这种联合执法模式可以在一定程度上避免各部门职责不清、重复执法的问题，也解决了单部门执法能力不足的问题。联合执法成为信息资源交换的方式之一。通过责任捆绑、联席会议等方式，在联合执法的过程中，部门间、民众、协管员的参与使信息资源的集成更为有效。联合执法作为一种特定的集成方式，只能在一些特殊的情况下使用，若将联合执法这一针对特定治理主题的运动式集成方式变成常态化的集成方式，必将导致信息资源集成运行脱离法制化轨道。

（二）信息系统建设和使用方面

1. 集成的基础数据库建设滞后

信息共享平台是一个集信息分类、信息管理、信息加载、信息审核和信息发布为一体的信息管理平台，是用户和各部门查阅信息、共享信息的重要载体，是对信息进行科学合理管理和使用的有效手段。建设公众共享数据和信息的平台，实现政府内部数据和信息的共享，才可为公众提供一站式的服务。而基础数据库的建设从政务信息共享着手，解决数据跨部门传递的困难。基础数据库是一个大数据存储、分析、管理的基础数据入门平台。建设基础数据库是实现电子政务过程中数据共享的前提和基础，是政府推进业务流程整合的基本保障。地方政府在基础数据库建设方面还不到位，深圳市本来就是一个流动人口比较多的城市，人口的流动性使得人口数据库建立障碍重重。而对于法人数据库建设方面，涉及利益敏感，存在部门争端和扯皮的影响，导致数据库建设也很困难。再加上数据库建设技术、方法、资金的因素，导致数据库建设不到位。特别是基本的人口、地理等基本数据库建设欠缺，这就没法提供准确的基础数据，难以提升系统的价值。

地理信息系统是信息化采集的基础性数据库。以深圳市南山区为例，在城市部件数据库的建设上，已开始使用地理信息系统，但统一的地理信息系统仍未建成。这也是各部门联动互动的障碍之一。至 2010 年，各部门在建设各自的业务系统时分散化地建立了契合自身职能需求的地理信息系统，如城市管理局、出租屋管理办、税务局、公安局等等。例如，在城市建设方面，需要建立从项目选址、拨地、规划方案报批、建筑方案审查、红线放样、建设工地管理、竣工验收、房产管理的一条龙服务和管理系统，建设流程涉及多个部门，但南山区共享机制的网上，信息隔离严重，统一的地理信息系统还没有建立。所以，2010 年南山区政府正在建立一个综治维稳信访中心，试图全方位地整合社会信息资源，将综治、信访、应急、司法几个方面的政务信息资源放到一个大平台上。相信会推进社会管理中信息资源的集成与使用效率。但这一资源集成的功能定位和集成主体的责任是需要认真考虑的。

2. 信息资源维护存在安全瓶颈

地方政府各个基层组织中，由于自身技术的局限性和非专业性，使得相当一部分系统开发和维护升级都要以购买服务的方式获得，把信息系统的开发让专业的公司来做。而在系统建设的外包过程中形成的沉淀成本，使更换系统服务提供商变得困难，双边垄断格局的出现，其可能的结果是公司绑架了政府，随之产生了信息安全问题。

信息安全是信息使用和信息共享的前提和基础，地方政府在信息资源共享过程当中，免不了会遇到个人信息安全和单位信息安全的问题，这也是信息共享和信息公开过程中一个难以克服的瓶颈。例如，深圳市龙岗区公安局 2011 年侦破了一起贩卖个人信息的案件，某公司人员，利用职务之便，把个人隐私信息，以每条 1 角钱的价格向社会人员供应。另外一个，就是现在愈演愈烈的网络诈骗，媒体网络公开领导的信息，利用 PS 合成技术进行敲诈。还有一些就是技术引发的信息安全问题，比如政府需要开发一个信息系统，因为专业化的需要，所以要服务外包，这样势必会泄露政府的相关信息，信息安全没法保障。还有门禁视频或者探头，这些设备虽然对采集和使用信息是有效率的，但这会关系到个人隐私问题。

　　3. 多系统共存、条块分割

　　目前，地方政府各个部门只是在做自己的内部系统，部门内部各系统之间出于客观原因也没有整合。但是由于各部门的需求不同，所以这些部门之间建立了一定的个性系统，但是个性系统被重复建设，结果导致"空间黑洞"现象产生。实际上在地方政府，具有内网和外网两大系统，加起来系统很多。多系统并存的另外一个原因就是资金因素，因为要开发一个整合性比较强的系统，需要巨大成本，而小系统可以节约成本，这样，不同的职能需要不同的系统，结果导致系统过多，而各个系统功能不同，接口就不同，所以又会导致系统冗余，结果引起系统信息碎片化。第三个原因是有些部门由于业务调整、领导换届或职能变化，甚至将之前构建好的平台与架构环境全盘推倒重建，造成了多系统重叠。第四个原因是有些政府部门各自为政，各自独立地开发应用系统，导致大量的重复建设和资源浪费，数据的一致性也得不到保障，而由于应用系统的系统架构，数据格式规范等不统一所造成的各种不联不通、分散异构的"信息孤岛"使得部门间的信息共享难以实现。

　　多系统并存的结果便是信息的条块分割，不同的部门有着不同的信息管理系统，而这些信息管理系统的软件供货商又不一样，数据拥有不同的软硬件平台和彼此独立的应用系统，形成服务器分散管理的局面，同时也导致了部门信息内部化。南山区面临的系统的条块分割十分严重。条条的方面，中央、省、市的各个系统一直到区里末端的系统很多；块块的方面，各个街道、区里、市里都有各自的系统。现存的系统非常多，全区的系统加在一起有 100 多个。例如，深圳市龙岗区司法局所掌握的矫正人员的信息，和其他部门在共享上存在壁垒。上级机关市司法局可以了解到下级部门的信息数据，但在横向上缺乏信息的沟通，系统之间没法整合。又如，龙岗区信访局维护、使用了 9 套信访系统，这些系统之间未形成端口转接，主要通过人工形式实现信息在系统之间的转移。业务主管部门多，系统多元、分割，加重了基层政府尤其是街道层级的信息集成压力。

4. 系统建设、创新行为部门化

依托互联网的大信息环境，建立各类信息应用系统如网格技术等将是未来发展的趋势。地方政府在系统建设方面过于部门化，缺乏顶层设计。地方政府各个部门一直都在体制方面、理念方面、技术等多方面努力寻求创新路径，具有强烈的创新意识观念，但是由于现存条件有限，创新行为只是在各自部门或者利益范围内进行，而没有突破部门界限，导致创新行为部门化。系统的开发都是针对某一项业务，这在一定程度上拒绝了其他业务数据对该系统的使用。目前还没有开发出一个可以整合多元信息资源和多功能业务的联动平台，包括信息采集手段、信息通告方式、信息共享平台、信息流通渠道都没有真正地实现现代化和一体化。

5. 系统维护缺乏持续性的资金支持

资金是组织发展的脉搏，是组织运营的基础，是组织生存和发展的关键因素。如果不能确保有足够的资金，在日新月异的技术革命进程中，势必会引发已开发技术的陈旧落后及设备老化等问题，这样就有使初期投资付诸东流的危险。

信息系统是一种集信息的使用和管理为一体的系统，由于部门自身技术上的局限性，必须依靠专业的公司才能开发和维护。但是，部门资金不足，或者说上级部门没有财政上的支持，而部门自身又缺乏资金来源，所以购买系统的成本就是一个问题。系统的维护是系统上线之后的维护和管理，包括开发维护和日常维护。有些系统本身功能就不易于扩展，在有效的数据加载和增量更新上无法实现，再加上用户需求的变化，使得系统维护起来就更难，需要持续性的财政资源支持。地方政府的一些部门的系统采取租赁的方式，到期之后没有资金了就不使用这个系统了。例如深圳市南山区政法委原先使用租赁的 PDA，这是一个小型的计算机终端，具有信息查询、记录和传输功能，但是到期之后就不能用了，只得继续用传统的纸质和表格记录信息。

地方政府在信息资源集成化过程中，系统开发成本不足，政府财政支持力度小，系统建设经费不足。出于节省成本的需要，这些部门不愿意花高价购买优质系统，结果导致信息整合力度小，收集和利用能力也弱，进而导致数据管理不规范，降低了工作效率。比如，深圳市龙岗区司法局设想的具有 GPS 定位系统的终端机，由于技术和资金投入的问题，大批量使用的时候，故障率太高，出现问题太多，影响到正常使用，引致错误报警、无法登录、显示错误信息。并且，一些小型技术公司本身处于发展阶段，各方面技术发展还不成熟，不能从根本上为信息管理系统的建设解决技术难题。

四　信息资源集成系统功能方面

（一）系统预测和分析功能欠缺

行政监察系统"一网考"中的信息预警是以业务为中心的，对社会信息、舆情信息、隐性信息挖掘不足。在信息的预测和分析方面，应该提前介入，采取预警式（预测式）的分析方式，可以从长远打算，防患于未然，在事情发生之前就弥补遗漏。地方政府基层社会管理中，对于信息的分析做得欠缺，虽然个别部门每个月有分析，但问题颇多，比如说信息的真实性、片面性问题，还有体制内的问题。一方面，由于事务的非常态化，采取预警式的方式预测事态，还存在问题；另一方面，信息分析技术性方法缺失。而且在信息的分析方面，既没有专家意见采集系统，也没有和市民一起分析信息。对于重大项目是否建立重大风险评估制度，没有征求百姓意见，比如科学城建设，之前没有做风险评估，这会让许多老百姓反对。

所谓"一网考"形式，是按照绩效考核的办法，对各科室、小区等部门的工作情况进行考核，这个系统会自动生成考核表。实行"工作一网通，绩效一网考"，有效提升了基层综治信访维稳工作效能。从效果上来说是不错的，但是，对于地方政府来讲，"一网考"还只在个别部门采用，并没有全覆盖。

（二）系统统计功能薄弱

虽然在"一网考"中已经开始进行信息统计工作，但一方面，其信息统计功能限于业务信息本身，信息内容结构缺陷明显；另一方面，这一统计限于已经纳入系统的、处于工作范围内的信息，信息统计存在片面性的问题。系统的统计功能在于对大量的数据进行统计，方便数据的存储、浏览、查询、汇总和利用，这是系统最基本的职能，也是最重要的职能，系统的统计功能是数据管理和数据使用的基础。统计数据不仅要囊括空间数据、外部数据、内部数据，还有图集数据，如图片信息的采集和统计。对南山区来说，虽然资料统计的主体是统计局，但是由于各部门的职能不同，所需的数据也各异，所以部门内部自身的系统统计也是必要的，但龙岗区各个部门在系统的数据统计这一块很薄弱，比如城管局的数字化城管，对资料的统计做得很不到位。信访局虽然对资料进行了统计，但统计完的后续工作只是拿来做个对比。在信访中增加的居民打分环节虽然可以对信访接待员进行满意度评价，实现评价的互动，但这一评价只对信访接待员进行，对于相关职能部门没有涉及，信息使用效果不佳。而其他一些部门，系统自身的统计功能也不完善，从系统开发到使用，再到维护这一体的流程做得也欠佳。

（三）决策支持平台建设不完善

决策支持系统是一个以管理学、运筹学、控制论、行为科学和计量经济学等为理论基础，以计算机技术为主要工具，综合运用模型和数据辅助中高层决策者进行决策的计算机应用系统。该系统能够为决策者提供所需的信息，能够给决策者创造决策分析和决策方案预定的适合环境，也可以帮助决策者提高决策水平和质量。决策支持系统是一个可以将资料综合分析应用、综合统计、绩效评估、业务预警、资料可视化的理想平台。建立决策支持系统，是计算机辅助管理技术发展的客观趋势，也是管理信息系统的升级系统。龙岗区在基层社会管理过程中，缺乏决策平台的建设，只有政法委建立了决策分析指挥系统，试图将这个系统通过数据终端信息和8个街道联动起来，实现决策的信息化，当然，这还在建设初期。所以，建立一个群决策支持平台和领导支持平台成为部门信息化发展的必然趋势。

（四）信息资源的集成效率低

当前信息资源的收集与运用有着明显的行政区域限制性和属地掌握的条块分割性质。层级限制是影响管理效率和信息传递管道的重要因素之一。信息的传递和回馈要通过各层级上下传递，如果层次过多，双向信息在传递过程中会较为缓慢，而且还会导致信息变形或流失，从而影响决策和管理效能。如果领导重心偏高，对下属的了解就会较少，势必造成管理脱离实际，决策也缺乏科学依据。

　　在各层中，管理中间层处于服务层和资源层之间，它是政府信息资源管理实现的核心层，负责政府信息资源的管理，对众多应用任务进行调度，使资源能够安全高效地运用。服务层是架构模型的最上一层，它是信息资源管理的实现层。主要是为信息资源管理提供实现平台，实现信息共享，说明用户实现所需功能。但是在南山区的信息流通过程中，由于各层级之间协调和沟通做得不到位，导致内部机制相对闭塞，层级互动缺乏，信息流通不畅。

第七章

地方政府网格管理中信息集成优化方向

　　信息资源集成的本质是将各个信息要素整合以实现优势互补，政府信息资源的集成管理就是将集成思想应用于政府信息资源管理实践的过程，即在管理理念上以集成理论为指导，在管理行为上以集成体制为核心，在管理视野上突破政府机关的部门与行业限制，从新的角度和层面来对待各种信息资源要素，提高各种管理要素的交融度。这种整合和优势互补必然有助于消除"信息孤岛"、实现政府信息资源共享。所以说这不是一个单纯的技术问题，更为重要的是需要健全制度和理念，才可以实现政府信息资源的集成，实现政府信息资源的高效运用。按照"管理有序，执法有力，监督有效，服务优良"的要求，建立政府信息集成系统，实现管理对象、管理过程、管理决策的数字化，实现政府职能中发现、处置、监督、评价的责权分离，从而进一步推进信息资源集成、管理和运用模式的转变。

一　地方政府信息资源集成的主体优化

（一）实现基于信息共享的跨领域协作治理

　　信息交换、共享机制，是治理主体间有效互动、合作的前提，是治理结构运转的基础载体。横向整合、纵向贯通的信息系统是部门间与治理主体间协调能力提升的技术支持机制。伴随着大部制组织结构的重组，组织间关系与工作流程的变化必然推动组织间信息互动关系结构的变化，并对政务公开、信息整合、应用协同等方面提出新的要求。各部门必须打破部门本位主义，树立部门协作观念。政府各部门之间，不仅是竞争关系，更是一种合作关系，工作的最终落脚点是为人民谋求更多的福祉，所以政府各部门应以更为开放的眼光看待相互之间的关系，加强合作，实现信息共享，提高部门工作的效率和质量。优化网格化治理中的"一格三员"和"一核多元"模式。治理主体结构的优化应该包括志愿者、行政人员、信息员、小区居民等。由于缺乏相关制度与法律的约束，政府信息化建设中信息共享程度低，"公共信息部门化，部门信息个人化"的现象非常普遍。当前，政府各职能部门在其职权范围内，负责收集各自管辖领域的基本信息，并与其他社会主体形成一定互动。整合的信息集成共享系统，可以减少搜寻和获取信息的费用，拓展决策信息源，改变决策者的有限理性。特别是虚拟现实技术的运用，使复杂环境下的协作各方或者协调主体形成虚拟在场的网络结构，推动多主体战略合作共识的形成。弱化治理主体由于信息不对称引起的不平等地位，使平等协商、资源与功能互补、战略协同的合作治理成为可能。

（二）集成理念从以管理为重心到以服务为中心的转变

对政府部门而言，信息共享是从封闭状态走向开放状态的重要一步，是其实现自身变革的关键一环。在政府职能转变的过程中，社会组织承接了政府的一部分职能，社会治理主体多元化。然而，"信责不对等"现象是明显的，这就使政府与社会组织在协同治理的过程中，造成了信息不对称，使协作的难度加大，所以，政府部门应该通过对接，实现自身与社会组织信息系统的连接，沟通信息交换的管道，加强社会组织与政府间的协作水平。现在网站的建设方向已经从单纯的政务公开慢慢地向以服务为导向过渡，中国软件评测中心每年对全国区县一级的网站绩效评估，以服务为导向主要体现在教育、城建、医疗、社保、企业等八个专题，可作为服务型信息资源集成模式的参考性标准。

南山区政府部门在网站建设过程中，也应贯彻"以公众为中心"这一理念。网站设计要凸显服务性和人性化理念，使公众通过网站链接可以了解和获得自己所需要的服务。通过政府网站，整合公共信息资源，并提供公共信息查询和网上办事功能，通过与社会管理工作网信息系统的无缝衔接，在网上实现群众诉求受理、分流、处置的全流程管理和督办。在交互式信息服务过程中，南山区政府应积极改进服务流程，对新的政务流程改进方案进行评估。在设计新的流程改进方案时，要对流程进行简化和优化，可具体从以下几个方面加以考虑：将没有必要的工作组合合并为一；业务流程的各个步骤按其前提记过的顺序进行；适应网络技术，重新规划流程节点的权限；为某种工作流程设计多样化的运行方式；工作应当超越组织的界限，尽量通过全网络进行；重新分解串行工程，尽量将其转变为并行工程。

（三）提高信息能力

政府信息资源管理面临的一大难题便是政府工作人员信息能力不足。加之政府部门内部专业信息技术人员技术能力有限、流动性大等问题，也限制了政府部门信息能力的提升。当前，政府部门信息化系统建设，基本上依靠信息技术公司，系统的相关完善与维护等后续工作也依赖于信息技术公司，这就使政府部门在信息资源管理工作中处于被动地位，使政府的信息收集、分析及使用受到一定程度的制约。在基本不改变现行管理体制、不增加政府机关管理人员编制的基础上，应大力推进政府信息资源管理能力的建设。建立以部门和街道为单位，包括部门、事件、作业（服务）、管理、执法责任单位元、工作流程在内的城区综合管理数据库，开发用于政府综合管理监督的信息多功能专用工具。

实现信息资源的有效集成，首先要确立信息的资源观念，以及认识到社会管理中信息资源集成的重要性。政府应根据部门工作需要，定期对相关工作人员进行技术培训，使工作人员分层次、分阶段地了解和掌握相关信息技术，在信息管理中能够辨别信息真伪、收集有效信息，不断提高信息分析和信息使用能力。并且，经过技术培训，使信息技术人员能够进行信息系统的一般维护，使信息系统维护经常化、规范化，增强信息系统的稳定性。

二　地方政府信息资源集成的方式优化

（一）信息资源的分布化集成与存储

无论动态信息还是静态信息，其表现形式或存储格式都是丰富多样的。信息资源以分布化的方式在公民、社会组织、政府组织等不同主体中生产出来，并在不同的信息资源主体中得以聚集和存储。为了更好地利用这些数据，南山区政府需要对这些数字化信息进行有序的存储与组织。信息资源的生产是分散的，信息资源集成是相对的，应在科学、合理、方便查询和利用的前提下，将信息进行分布存放，并且应建立分布存放的信息之间的有机联系。

政府部门数据的存储应保持分布式，即能按照特定的需求，从数据库中随时提取所需要的数据，而不必建设集中的信息资源中心。然而，对于分布式存储的数据需采用统一的数据模型，以确保数据的唯一性、一致性和准确性，从而有效地支持综合业务系统与一站式办公的需求。该数据模型无缝地提供异构关系数据、XML 和文本等非结构化数据的统一访问与管理。其体系结构的基础是数据层，它提供对来自不同数据源的不同格式数据的存储、检索和转换。第二层是服务层。服务层是构建在数据层基础之上的，是从各种应用系统中抽取的，用来提供将数据访问服务透明地嵌入到电子政务应用系统和业务处理过程的基础结构，顶层针对数据层和服务层提供丰富的服务和数据集，并提供基于标准的程序设计模型和查询语言。

（二）实现信息资源价值战略管理

目前，信息系统的建设远远没有与物联网时代、云计算时代、大数据时代的信息挖掘与信息共享相结合，如果不对此做出改变，那么这预示着，目前的信息系统建设将会在不久以后的某一天被淘汰。因为缺乏战略性而导致的重复性投资明显。根据《中华人民共和国档案法》《中华人民共和国保守国家秘密法》的规定，在档案形成入档时，标注上密级、转存时间，到时自动提示，实现政府信息的"生命周期"的自动化管理。

当前的信息资源集成是按照信息资源的业务种类进行划分的，信息资源的基础数据库建设也是围绕着行政事务展开的。既未从资源价值的角度，对资源进行战略性规划，也未对危机管理或应急管理中的信息资源集成机制予以关注。对信息战略的集成是政府信息资源管理的宏观层次，集成的结果是制定与规划政府信息战略，目的是要使政府信息组织、政府信息和信息技术标准化、统一化和整合化，使得整个信息资源管理能够从始至终保持一个良好的、适应当前环境的有序状态。

做好信息集成，首先要对整个信息系统中的数据进行全局分析，整理出全局数据视图，并厘清各信息系统之间的数据关系，然后建立数据交换平台实现各个系统之间数据的有序交换与共享。为此，南山区政府在进行数据集成时要关注三个方面的工作。第一，设置规范的数据标准。数据标准是数据规范使用的保证，是数据能够共享的基石。第二，构建主题数据库。主题数据库是信息源唯一结构稳定的信息系统数据库。在数据集成的同时，如果能够将原来面向应用系统的数据库改造成主题数据库，是一种非常好的可持续发展的数据管理方案。第三，建立数据交换平台。如果仅仅建立两两系统之间的数据共享路线，容易导致数据的不一致、数据变更不能及时响应、数据共享线路太多而难以维护、系统整体稳定性差等特点。因此，有必要建立统一的数据共享交换平台，提供总线式的集中数据共享交换。

（三）社会舆情信息收集机制

一方面，应建立畅通高效的群众诉求表达管道。政府应建立快速高效的信息网络系统，及时收集群众利益诉求信息，并加强对收集信息的分析和使用能力。进一步开展多种形式的民意调查、信息公开、调解、协商、听证会和谈判等民主活动，注重提高其实效性，确保群众合理的利益诉求通过正当规范的管道纳入政府议程。

另一方面，由于大众传媒在信息收集和传播中具有强大的功能。大众传媒能够迅速获取群众的利益诉求，并利用现代手段广泛传播，引起社会普遍关注，凝成社会焦点，并传达给政府部门。它使群众利益诉求有了一条高效便捷的通道。所以，深圳市政府建立了"家园网"。收集、整理群众利益诉求，让广大群众的利益诉求直接反映到决策层，避免管道长、环节多而导致利益诉求失真或遗失，并充分利用电视、广播、通信、网络、报刊等覆盖面广、时效快的特点，建立多层次、多样化的民众诉求型信息传播管道。

（四）以社会评价系统为中介的政社信息对接

政府各部门之间及其与民众之间的信息共享和信息沟通已经成为政府有效进行社会管理、提供公共服务的重要前提。2010年，深圳市绩效考评系统网络已延伸到小区，利用了"一格三员"载体。对接社会评价系统。目前，政府部门电子政务工作评价主要针对政府网站等单一的电子政务项目，并且评价指标体系多局限于政务网站设计、功能及维护，没有体现用户的需求和意愿。这种评价指标体系，导致了目前一部分网站注重复杂的功能划分、接口设计，而忽视了最终用户的实际需求与感受。因此，在建设以公民为中心的电子政务体系时，构建面向用户的社会评价系统是十分迫切的，在构建社会评价系统时，应设置明确的评价指标，这是进行科学评价的前提。同时，加强政府电子政务信息尤其是工作和服务信息的公开，使民众能够依据对服务的满意程度对政府工作进行评价，从而对电子政务的发展进行引导和监督。

行政质量的评估作为社会权力的引入机制，是反向促进"行政三权"的优化配置与有效运行的关键点。这易于发现执行机构的能力真空与短板，使自上而下的政治、行政推动与自下而上的社会需求引导之间形成良性互动。行政质量评估机制为"行政三权"的优化配置及协调机制建设提供社会标准的来源，有助于从公民、社会的角度来反观内部治理的不足，并进而提供外在的动力机制和规范性标准，使决策、执行、监督的功能性整合更为有效。

（五）以大纪委统筹监督型信息资源

首先，突破部门壁垒，在上级部门的综合协调下，促进横向部门之间的信息共享程度。横向各部门之间由于各种关系及利益的矛盾，在网络连通与信息共享方面存在着诸多障碍，如果让各部门自行协商的话，一些矛盾和问题则难以从根本上解决。这就需要上级部门以宏观的视角，对下属各部门进行综合协调，通过这种综合协调，消除各部门之间的信息壁垒，实现信息资源的共享，提高各部门的协作能力及办事效率。

其次，改变当前我国监督力量的片段化状态，实现监督权力的逐步整合。要注意"预防腐败数字化工程"子系统之间的协调。推进政务公开和腐败预警评估机制、预防腐败信息共享协调机制建设。建设廉政风险评估预警平台，对核心机构和核心人员进行动态跟踪监督和针对性测评，建立电子廉政档案（财产状况、出国出境状况、廉洁从政情况等）。开发群众满意度评价系统，通过网站、移动设备、自媒体与公民、社会形成互动。并对社会反映集中的问题和部门进行重点监督，将公民监督、舆论监督及党政监督等通过信息系统整合起来，形成监督力量的联动。

三　地方政府信息资源集成的制度优化

（一）强化政府信息管理安全机制

目前，深圳市"织网工程"以"统一标准，安全保密"为宗旨，制定总体技术方案和工作指引，建立相关的工作标准、技术规范和管理制度。按照国家信息安全等级保护标准的要求，建立严格的身份认证和责任认定下的等级授权机制，确保公民隐私安全，确保系统和数据运行安全的要求。但没有对具体的安全机制和责任制度进行设计。

动态政务信息采集作为政务信息资源管理的基础构成部分，系统中机密信息的存在与系统用户的多层次性致使安全性问题成为模型构建过程中一个不可忽视的重要问题。动态信息采集必须确保政务系统的安全性、信息来源的可靠性及信息的完整性。

因此，深圳市政府在信息系统构建中除了应包括防止非法用户侵入、权限控制、存储和传输加密及数字签名、数字认证等安全防护手段以外，还应支持知识产权管理，注意版权保护问题，做到对资源的合理合法运用，同时系统中还应该引入信息的审核机制对信息来源加以鉴别，一方面在信息采集过程中对不同来源的信息验证其有效性，另一方面在信息发布之前确定信息的密级，并通过密级自动对信息加以归类。此外，还应通过群集技术、多机与多数据库的同步备份、合理使用机制等多种方式提高系统的可靠性。

另外，随着信息管理的不断发展，信息系统将会不断增多，信息共享的范围也将不断扩大，而在这个过程中，如何保证信息安全及信息处理性能是政府部门面临的重要课题。因此要考虑完善信息共享的安全机制，采用备份策略来保证信息安全和信息处理性能，减少网络传递中的堵塞，提高数据处理的效率。

（二）法制化协调机制

行政系统内，层级性权力协调虽具有灵活性、权威性优势，但也具有不稳定性和主观性强的弊端，往往因为过多的自上而下的行政干预而干扰了监督权和执行权的独立性，强化了行政依附性。同时，还存在着依赖人际情面关系的行政人员个人协调。当这种"相互给面子"的协调模式制度化之后，公共服务的效能提升了，但潜藏的问题是，追究责任更加困难。而且，当这种责任切实追究以后，以后的合作也可能受到威胁。不过，一种好的效果是，可以促使各方以更加制度化的方式来明确各自的责任。

在现行的《中华人民共和国税收征收管理法》《中华人民共和国行政

监察法实施条例》等法律档及行政实践中虽已经存在着行政协助，但迄今为止，还没有对行政协助做出系统的法律规定。社会管理及其信息资源集成是一个动态的过程，只有相应的动态适应性机制才能使治理系统形成一个整体，确保合作意识与动机的持续性，实现信息集成的动态持续。权力、人情关系型协调只能作为法制化协调的补充模式而存在。为了形成部门内在的动态协调模式，协作机制的法制化可以使协调从适应性协调走向动态协调。对于信息集成的主体、内容、方式、时间、规则等要件进行完备规定。通过法律的形式对合作的范围及各方权、责、利界限及其冲突解决方式进行规定，采用否定式列举的形式加以限定，实现机构间自我协调的动态治理。

（三）建立基础信息的动态化校验与核对机制

对城市更新、城市扩张、人员流动、企业变更等，只有进行动态化的信息管理，才能发挥"两库"的基础性信息载体的功能。

首先，采取有效的数据校验手段。在数据整合工作中，有些是可以通过计算机自动实现的，而如果涉及诸如人员及单位基本信息的合并，就必须依靠人工比对才能实现。在进行人力核对大规模信息时，需将辖内的基础数据进行认真核对，补齐基础数据信息，并及时纠正历史数据中存在的错误信息。

其次，建立长效机制。在实践中，由于主客观因素的制约，即使对相关数据进行多次核对，系统中仍可能会存在一些问题数据。此外，随着新系统的不断运行，变更数据的增多，也必将产生新的问题数据。因此，有必要建立具有可操性的信息核对长效机制，使数据库中的问题数据处于可控状态。建立信息核对长效机制是一项长期而艰巨的任务，它需要科学的规划、合理的实施。只有问题数据得到有效解决，才能最终达到"准确、完整、及时、统一、安全"的要求。只有系统中信息数据经过整合集中，各子系统中的数据实现交换与信息共享，才能为应用级集成奠定良好的基础。

（四）建立"信责对等"机制

建立漏报、迟报、误报的责任机制，事后倒查机制。建立信息集成主管部门的信责对等机制。要认真考虑其权限、责任的界定，使统一的信息平台在规范的管理维护下发挥信息整合作用。对于为小区提供服务的企业信息收集则有所欠缺。例如，对开发、维护系统公司如果没有一定程度的监管，仅靠保密协议维持双方利益并非长久之计。通过跨治理主体的流程再造，以责任分解促进协同配合的治理体系，岗位间、机构间、部门间及与外部治理机构间形成协同治理的格局。在实现社会管理过程中不同主体间的责任分享、责任共担的同时，需要根据不同的公共事务、不同的部门进行信息资源的采集、维护、使用、更新等责任的配置，实现信责对等。

（五）开发系统更新的过渡型机制

随着信息时代和经济全球化时代的到来，电子政务的大规模普及和推行，对我国的地方政府管理模式提出了越来越高的要求，这同时也是我国实现政府转型的重大机遇。电子政务网络体系和电子政务信息交换平台、电子政务应用系统等在我国政府管理中得到应用。然而从总体上看，我国地方电子政务建设还面临着一系列问题，如信息技术和信息化水平偏低，而要提高我国信息技术和信息化水平，需要一个过程。

而小型信息系统技术要求和成本投入相对较低，并且具有一定的灵活性，系统维护也相对简单。因此，在我国信息技术相对落后的情况下，有必要加强小型过渡系统的开发和研制，一方面改进政府部门信息管理工作，另一方面通过对小型过渡系统的技术开发，最终促进政府管理整体信息化水平。纸质采集是在信息化过程中的过渡性信息收集方式。是对信息技术设备和能力、人员不足的补充。

（六）构建信息资源交换与整合体系

按照统一标准将各级政府部门的各类业务资源数据库统一纳入相关层级政府主管部门的存储数据库中，为各级数据中心彼此互联互通做好基础性工作。政府信息资源交换体系是依托国家电子政务网络和电子政务信息安全基础设施，为跨部门、跨地域政务信息资源交换与共享提供的电子政务信息服务基础设施。政务信息资源交换体系的构建过程是对信息资源进行编目和分类的一体化过程，同时也是依托技术构建信息资源管理体系的过程。在建成政府资源交换体系的同时，在政府机构范围内，将形成内部信息资源的管理框架，在特定的区域范围内形成跨部门信息资源共享和交换的体系。总体来讲，地方政府政府信息资源交换体系是一种体现各种政务资源内在关联的有机整体，也是一套实现信息资源共享和服务的工具，同时还是一套为信息资源检索、定位和共享的应用服务体系。

　　数据质量的控制建立在数据整合的基础上。政府网格中的信息集成涉及业务整合、数据整合和技术整合等几项工作，其中，数据整合的主要任务是对原有系统的人员及单位基本信息进行归并整理，以及对原有系统的历史数据进行继承。它是系统建设的关键，也是信息集成的基础性工程。在信息数据的集成过程中，数据的完整、准确及畅通流转是网格化管理系统建设的根本保证。因而，数据库系统的有效运行和数据质量的全程控制是政府各类业务工作的重点。在很多地方政府网格化管理建设之前，政府各个部门都有比较独立的系统。在整合信息数据时应注意以下两点。

　　其一，数据的核对与确认。即认真核查各系统中的基本信息，排除无关数据，确认所需数据，并导出需核对数据。一般操作流程是，先针对系统中的基础数据编写数据比对程序，再借助信息技术对原有系统的基础信息数据进行一一核对、排除和确认，最后列出待核对数据。

　　其二，确定合理的数据转换方案。在对新旧系统的历史数据进行转换时，必须确定合理的数据转换方案。在制订方案前，相关使用者需要配合开发人员，并对原有系统的数据结构有非常清楚的认识。因为新旧系统的数据结构差别较大，在原有数据导入新系统时，有的是内容要合并，有的是内容要拆分，特别是公用信息的转换，这些信息在原来各自的系统中本来就不尽相同，而在转换时就会出现系统内容标准的重新确定问题。此时，必须由各经办机构的技术人员和业务人员共同商量确定。

四　地方政府信息资源集成的应用优化

（一）应用级信息资源集成路径

　　在数据级集成的基础上，需要进行应用级集成。应用级集成是政府网格化管理中的信息资源集成的第二层次，其主要工作是为集成于数据平台上的业务系统及以业务系统为基础的核心平台，通过业务专网的传输来确保各应用系统的安全、集成运行。

　　目前，西方国家的政府大多采用"面向服务的体系结构"（SOA）作为应用集成的路径。其宗旨就是以服务为中心，其功能就是将政务应用构建成为服务的集合。通过标准的协议，大型的政务应用可将独立的政务过程以服务的形式封装起来，而这些服务则可以由政务系统外部或内部政务系统的其他服务所自由调用。使用 SOA 的政务应用，可以在已有服务的基础上建构新的政务应用，构成组合服务。此外，由于标准的协议访问服务还能使服务做到位置独立，享受服务的使用者也可以通过对服务注册中心的查询来获得服务的相关信息。获取信息后，用户还可以服务协商调用的接口，实现对服务功能的调用绑定。SOA 尽管是一种组件模型，但它更强调的是松散耦合和中立的接口定义。从 SOA 的思想出发，服务是从业务流程的角度来看待技术的，这种视角同普通的用技术所驱动的商业视角正好相反，其服务的优势是它会同业务流程有机结合在一起，能够更加精确地表示业务模型、更好地支持业务流程。

这个平台的基本功能包括：路由——服务之间的消息路由；转换——不同标准之间的消息格式转换；安全——统一的安全管理和认证管理。然而，这三个方面都有待优化。例如，各个政务系统接口不统一，很难结合；许多政府系统数据不完全，不能提供所需数据；对区域的管理缺乏科学的依据和信息管道；缺乏各个部门之间的综合分析；业务流程与信息之间缺乏联动关系，有数据不能用；等等。这个平台还具有几点优势：屏蔽各个部门之间政务系统的差异性；提供了集成标准，从而为未来的信息服务提供了规划；建设标准的信息服务集成平台，有利于系统的不断完善；以业务流程串联各个服务，完成业务流程和信息之间的联动；能够有效地完成数据与流程的结合。此外，由于采用了开放协议，更利于适应未来的业务流程的变化。

（二）服务层的信息资源集成路径

业务流程级集成通过业务经办的外化形式——信息化公共服务来体现其目标及作用。其集成路径主要集中在以下三个方面。

1. 服务管道的集成

现代网络的发展，为政府公共服务的展开提供了一个前所未有的新型业务办理平台，各级政府网站分门别类将其各种基本服务内容集成连接到对应的内设部门的门户网站。同级政府的各部门下辖单位建立的各类网站，也被集成连接到本部门的政府网站中，并且又统一连接到上一级政府部门的网站。根据电子政务与政务公开的总体要求，逐渐丰富和完善网站内容，对各项服务信息实施及时更新，增强网站信息的时效性；积极探索开展网上事务处理方式，充分发挥门户网站在行政事务处理中的作用，有力地扩大基于信任体系的自助式网上业务办理范围，提高为社会公众提供信息服务的能力，为社会公众提供各种政策文件下载，信息查询，实时业务办理，意见或建议的收集、回馈、处理等日常事务性服务。

作为信息资源集成最基本和最重要的方式之一，业务经办窗口在业务流程上统一了事务处理程序，充分体现了政府网格化管理业务流程重组、优化后公共服务质量的改善和效率的提高。任何单位及个人只需要到一个经办窗口，便可同时办理自己需要的公共服务事项，完全享受"一站式"服务带来的便捷。另外，值得一提的是，公共信息亭作为政府网格化服务的另一形式，开始越来越受到政府部门的青睐。它是一种基于计算机信息网络的集信息查询技术、触摸屏技术及多媒体技术于一体的提供增值服务和公共信息服务的自助式终端设备。

2. 服务内容的集成

服务内容的集成即通过业务流程级集成，将服务内容按事件性质集成为三类服务内容。一是综合业务的查询。综合业务查询是基于信息发布层面的电子政务服务项目，它涵盖了政策类信息、参数类信息、个体性信息等。政策类信息包括组织机构、政策法规、经办流程、办事方法等；参数类信息包括本地区人口分布状况、男女性别比例、社会平均工资等；个体性信息是指与个人相关的信息。二是交互式信息服务。交互式信息服务是基于政府与公众互动层面的电子政务服务项目，主要包括公众的信访投诉、政策建议回馈及政府的网上答复与办理。三是事务性服务。事务性服务是基于交易层面的政务信息服务项目，主要包括网上缴费申报、网上职业介绍、网上审批等服务内容。

3. 服务层次的集成

信息化公共服务包括本地业务办理和异地业务办理两个层次。本地业务办理是指通过网站、电话咨询服务中心、小区窗口及其他有效的网络系统终端，在用户户籍关系所在地为其办理本地信息查询和相关公共事务服务；异地业务办理是指在用户户籍关系所在地办理外地政策信息查询，或在外地为用户提供其户籍关系所在地的本人信息，以及通过网站进行跨地区招聘求职及通过小区窗口为用户提供跨地区社会化管理服务等。这两个层次的业务办理均可以通过信息资源集成来实现。政府信息系统经过数据级、应用级和业务流程级集成，以数据中心为核心资源库，以业务系统和统一应用软件为载体支撑，以互联网应用为技术手段，以信息化公共服务为设计目标，为政府信息资源规划提供了一套科学合理的设计方案，确保了政府宏观管理、市场监管、公共服务与社会管理这四大任务的全面完成。

（三）政府管理中的业务流程级集成路径

梳理业务流程，明确信息资源分布的价值链。在通过应用级集成完成业务专网中各应用系统的集成运行和安全传输的基础上，为使网格化管理中后台业务系统的服务项目和功能得到优化、重组与整合，实现同前台业务操作的信息化、流程化管理及运作流程的无缝集成，必须进行业务流程级集成。这种由操作流程决定职能，进而实现组织机构信息化的管理模式，充分体现了业务流程再造理论的基本思想，同时，也在客观上为网格化公共服务和政府职能转变提供了科学路径与方法。

解决行政部门存在的机构运行不顺、职能交叉、部门之间整体互动性差及市场化运作程度较低等问题是政府信息资源集成的首要任务之一。在政府的信息资源集成建构中，其中心是梳理政府管理的业务流程。业务领域是指一个相对独立的管理机构所承担或负责的主要的业务活动的集合。业务领域包括许多业务过程，每个业务过程包括许多业务活动。业务活动是管理业务分解后不可再分的业务单元。业务流程梳理是在政府管理业务域划分的基础上，进一步实行业务域中的信息流程梳理。业务域之下应规划具体的信息业务流程，在每个划分好的业务域中也详细梳理各个业务信息流程。从整体而言，实现业务域信息流程的梳理，信息资源的集成应致力于下述工作。

一是应用数据存储与备份技术搭建 SAN 结构信息管理平台，并利用网格地图技术，实现政府管理区域的精细划分，创建政府管理创新的地理空间体系。

二是利用地理信息编码技术，实现政府管理对象在管理区域中的有序、精确定位，并利用 GISO 技术，实现图文一体化的协同工作应用环境。

三是利用 GPS 技术，实现管理区域的道路畅通和管理对象的准确定位，并利用 RS 技术（遥感技术），获得城市遥感图像信息，实现政府管理信息可视化。

四是利用数据仓库技术，建设政府管理数据库群，实现海量数据整合，并利用数据融合、挖掘技术，将政府管理对象按照不同时期、不同重点任意分类、组合，实现政府管理对象的专项普查和政府管理评价体系数字化。

五是利用工具化技术，实现政府管理各业务部门间的实时、动态、多人员的协同处理、并联工作并实现政府管理各类信息在线更新和维护。

六是利用信息安全技术，构建信息平台的安全保障体系，为应用系统的运行保驾护航。

（四）契合信息社会的智能服务模式

在信息社会来临之际，随着信息技术的跃迁式发展，公民在偏好表达、日常沟通、信息传播等方面也发生了变化。政府不仅需要适应信息时代的技术升级，也需要适应技术升级所带来的社会生活方式的变化，以及其所引发的对政府公共服务方式和内容的影响。进而，公共治理模式也必然走向革新。随着 IBM 公司提出智慧地球、智慧城市概念，以及智慧城市在新加坡、日本及我国宁波、武汉等地实践的逐步开展，在学术界也开始倡导旨在运用集体智慧的智慧小区建设，以改善小区生活质量。并且，学术界认为电子治理为新兴的"智慧城市"建设提供了一个新载体。"智能"的生活成为信息社会的一种愿景。这就使得更具智慧性的政府成为必需。智慧政务（Smart Government，SG）则是响应上述要求、变革治理模式的一种选择。依靠智能感知、信息挖掘、云计算、虚拟现实及物联网等技术，科技变得更加智慧化，开始具有了"思考"的能力。高速的网络传输、Web 3.0 的语义网结构及个性化的信息终端设备，赋予技术以更强的文化敏感性，改变了公民和政府间沟通的方法，也实现了以公民或服务对象为中心的无处不在的信息跟踪服务。在泛在技术（ubiquitous technology）发展的基础上，通过多元的信息接收设备，将政府服务嵌入到公民的日常生活之中。通过基于身份信息的基础型数据库与基于生活动态信息的个人化数据库，以"智能匹配"技术进行服务需求信息的动态传播、采集及总体分析。实现信息的实时更新、整合及服务内容、服务方式的动态调适。通过得知其实时需求，以个性化推介技术提供预见性的服务。因此，我们在这里使用"smart"这一词汇的时候，已经赋予其更多的"智慧"（wisdom）的意义。

智能政务是依赖信息技术实现主动、高效、个性化公共服务的过程，其目的在于实现以公民为中心的智慧服务。如果说传统的电子政务存在着民主赤字、数字鸿沟、信息超载等问题，那么，智慧政务将会主动去纠正这些问题。此时，它不再单纯地依赖公民的信息能力，而是通过对弱势群体的需求响应、数字鸿沟的降低、电子易用性的提高、促进文化融合共生等方式推动着包容性电子政务的发展。它通过更加开放的，跨地区、跨身份的合作治理，实现跨边界整合与动态协同，使依赖于公民参与、"顾客"到访等被动响应的、有限制的公共服务向满足不同公民需求的包容性、无边界的"泛在化服务"（ubiquitous services）扩展，实现了社会利益融合。智能政务将电子政务研究的价值指向和价值中心归于人，将治理的行为重心归于人的生活，使公共服务更加人性化，以实现每个公民更美好的生活。生活化是智能政务的本质所在，它包含智慧交通、智慧银行、智慧电力、智慧教育、智能医疗等一系列内容。它表征着一种新的电子治理阶段的来临。

（五）建设移动媒体专业网，政府信息平台与自媒体相结合

随着人们的需求日益呈现出差异化、个性化的特点，传统政府管理中公共服务的无差异供给已不能满足人们日益增长的需求，这就需要政府部门全面搜集人们的需求信息，针对不同个人或不同群体，提供差异化的服务。对于政府而言，社会民众需求信息的收集是一项任务量很大的工作，并且民众的需求是时刻变化的，为保持信息的有效性，必须提高信息收集的效率。

自媒体的出现为政府信息采集提供了强有力的手段。自媒体是个人化、平民化、自主化的传播机制，以现代化、电子化的手段，向不特定的大多数或者特定的单个人传递规范性及非规范性信息的新媒体的总称。自媒体包括个人微博、个人日志、个人主页等，其中最有代表性的托管平台是美国的 Facebook 和 Twitter，中国的 Qzone、新浪微博和人人网。政府信息系统与自媒体相结合，通过现代化传输手段，利用网络系统，实时收集民众需求，然后通过网络平台加以回馈，使问题的发现、问题的解决、政府服务评价更为准确及时，民众诉求的回应更为高效。

应大力发展移动电子政务。目前，手机已超越台式计算机成为我国第一大上网终端，中国移动互联网正进入"井喷"发展阶段。与传统电子政务相比，移动电子政务使公务员摆脱了网线的束缚，实现随时、随地处理公务。人们通过移动智能终端随时、随地获取政府信息或电子化公共服务。为此，各市政府部门应对现有政务信息系统进行改造，增加移动数据通信接口；组织开发政府 App，把一些公共服务事项打包成 App，供企业或个人用户下载、使用。2011 年中国香港政府资讯科技总监办公室新推出了"香港政府通知你"和"政府 App 站通"两个 App，值得内地各个城市学习。

五　地方政府信息资源集成的技术优化

（一）以身份证为基础载体的信息系统建设

作为政府部门的基础性工作，要强化服务功能，应建立信息完善的数据库。应该把各种信息汇编成一个信息库，以提高部门服务的效率和质量。当前，群众到政府部门办理相关事务时，程序比较复杂，所需材料繁多，一项审批必须经由多个部门才能完成，浪费了过多时间和精力。如果事先建立完善的信息库，各种手续窗体提前设计好，通过身份证信息扫描，则可以将相关信息材料或窗体直接打印出来，或者通过扫描，相关手续材料直接传到其他部门，简化了办事程序，提高了办事效率，这样才能提高群众对基层工作的满意度。

可借鉴出租屋管理部门的出租屋编码卡的方式。出租屋编码卡，内含劳动、计划、社保、税务、工商、教育等部门信息。建立全员人口公共基础信息资源库。以网格管理员采集的实有人口信息为基础，关联比对公安、卫生人口计生、教育、民政、人力资源保障、住房建设等部门登记的个人信息，逐步加入个人信用信息，建立以公民身份证号码为唯一代码的全员人口公共基础信息资源库，实现"资料一次采集、资源多方共享、矛盾联动化解"。

（二）建设信息资源集中的政府公共云

云计算技术切合了我国政府管理中"数据大集中""信息系统平台化"等实际需求。目前，许多城市的各个部门在电子政务建设方面各自为政，分别建有自己的机房，计算资源闲置的现象特别普遍。OA、人事管理软件、财务管理软件、后勤管理软件、网站管理软件等通用软件也是自行采购，造成标准不统一和不必要的浪费。加快建设基于云计算的政府数据中心，推进政府部门机房大集中，实现软硬件统一采购、统一运维。建设基于云计算技术的政府网站群，形成以政府门户网站为主网站、各政府部门网站为子网站的政府网站群。推进政府 OA 系统等通用软件的 SaaS 化（软件即服务，Software－as－a－Service 的意译，国外称为 SaaS，国内通常叫作软件运营服务模式），建设政府云服务平台，进一步促进信息共享和业务协同。

政府云是推进电子政务集约化建设的重要手段，需要建立与之配套的电子政务管理体制机制。打造巨型的云信息服务平台，在该平台上，云集着各式各样的信息，并能实现信息的分类筛选、摘编和深度加工；打造大型的技术平台，在该平台上能够通过数据挖掘等方式，实现对读者和受众个性化需求的准确定位与掌握；能够通过技术手段低成本地实现信息和受众个性化、定制化需求之间的智慧化匹配，并能通过各种支付手段实现智能化信息收费。

（三）系统建设"立新不废旧"

系统建设要尽量杜绝两张皮，信息系统的软硬件升级改造，"立新不废旧"，降低系统建设成本，增强信息数据的安全性、稳定性，盘活存量信息资源。总体而言，对业务流程的集成大致可基于两种不同的视角：一是对相近的服务项目提供"一揽子"服务，即相近业务流程的无缝集成；二是对业务流程的优化、重组与整合，即在条件有限的情况下，将不同服务项目的业务流程依照优先原则先后排序，然后对各项业务分批、分段实施。决定是否需要对原有行政业务流程进行再造，一要从合理性的角度对相关业务进行具体分析，二要考虑网格化信息系统是否支持原有流程，最终实施有针对性的再造计划。

第一类：对原本就不合理或在传统行政运作模式下还属合理，但是，从技术层面难以得到政府信息系统支持的，已影响到网格化信息系统运行的业务类流程，应该进行重组，以改变不适应的状况，提高政府行政业务处理的效率。

第二类：对本来较为合理，也可以从技术层面得到网格信息系统一定程度的支持，但二者之间不能完全相适应，很难充分发挥政府信息系统整体效能的业务流程，应该进行优化。

第三类：综合了前两类的特点，一方面，从传统的运作模式来看还属于合理；另一方面，也能从技术层面得到网格信息系统一定程度的支持，但因为服务事项本身的特殊性与复杂性，如其主要办理环节分别属于不同的行政部门乃至跨越不同行政级别的政府部门各自专属办理环节。类似这样的行政业务流程则需要加以整合。

（四）进行现有系统的"授权"使用

应用接口层的功能主要是支持查询语言和程序设计界面，在电子政务数据信息集成体系结构中需要完全支持传统的程序设计界面（如 JDBC 等），这有利于简化已有应用程序的迁移。因为存在类似传统的应用程序编程接口是同步的，导致了数据源的出现与消失，多个应用程序提供同一服务，复杂数据操作时间较长等问题，因此，为了简化这种多样的数据环境所带来的弊病，数据平台还需提供基于 Web Service 的接口及基于消息队列与工作流技术的异步数据检索 API，以透明、有效、及时地调度和管理长期运行的数据搜索。

与程序设计界面相同，集成体系中需要不断增强既有应用程序的标准查询语言功能，以便支持 XML 的应用程序运行，不管使用什么类型的查询语言，一切的应用程序都能够访问数据层所支持的相关内容，应用程序还可以发出 XQuery 请求，透明地连接来自关系表、本地 XML 存储及外部服务器检索的各种数据。这主要是使用了 SQLX 作为用于混合数据模型的应用程序及 OLTP 类型应用程序的查询语言，使用了 XQuery 作为用于 XML 数据模型的应用程序的查询语言。

（五）推进基础信息资源库建设

数据集成是信息集成、实现数据共享的基础。数据信息集成的目的是通过整合政府内部处于分散状态的会议、文档、日程、人事等各项管理业务及公文交流、电子审批、决策支持等各项系统数据，打破信息资源相对独立的分割局面，把分散在不同载体、不同区域和不同格式上的各种信息组合成有机整体，建立一个可以网络内自由共享和异构数据库同步访问的统一协调的信息资源数据库群，最终达到提高信息资源的利用效率和管理服务水平。同时，应确保数据集成过程中的数据信息的安全性与保密性，这是数据信息集成发挥功能的前提条件之一。另外，还应处理好信息集成体系结构的开放性与可扩展性之间的关系，达到能够提供多种符合主流工业标准的功能扩展接口，通过此项功能扩展，以满足未来网格化中信息集成建设的新需求。

推进"数据大集中"，可建立公共提取的数据信息槽（池）。例如，南山区政府在深圳市"织网工程"建设过程中，应继续完善全员人口公共基础信息资源库、法人公共基础信息资源库和房屋公共基础信息资源库。三大资源库应以网格管理员上门采集方式保证信息的真实性，以职能部门数据库关联比对的手段保证信息的权威性，将构建起全市统一共建共享的公共基础信息资源库，并以此为平台，开放给各职能部门进行二次开发和应用。同时，应建立科学、高效的网格管理模式，把人、事、房、物、法人相关联并全部纳入网格管理，由网格管理员利用移动智能采集终端，动态采集网格内的各类公共基础信息。按照"动态采集、关联对比、业务融合"的要求，确保网格采集人口、法人和房屋等公共基础信息准确、实时更新。构建完善的元数据体系，以有效进行数字资源管理和网络导航，进行信息挖掘、信息检索和信息组织，搜索并有效处理政务信息。

六　地方政府信息资源集成的系统优化

（一）系统建设权上移，加强顶层设计

深圳市"织网工程"是由市社工委牵头进行的，在信息资源集成中，也可以结合"织网工程"，发挥区社工委的协调整合功能。建立社工委联席会议制度。同时，与"三库两系统一网站"建设相结合，完善基础性信息资源库建设。就数据管理部门而言，其主要职责包括三个方面：一是集中控制与管理数据定义；二是建立健全网格数据管理的基础标准与规范化数据结构；三是组织协调用户与计算机应用开发人员实施数据管理标准规范。

按照国家政策性要求和统一标准，建立规范、统一的网格系统数据中心，全国各级政府的数据中心建设需制定信息资源管理基础标准，建立系统数据模型和系统功能模型。在数据中心、信息系统的建设过程中必须严

格执行国家统一规定的信息标准，并制定统一的编码体系和信息分类，实现信息系统内数据的充分共享与无障碍采集。而当前南山区政府各部门网络系统的设计是依靠专业的技术公司来进行的，而政府自身缺乏相应的网络系统研发能力，各个技术公司进行系统开发和设计时，并没有严格按照国家的统一标准来进行，这使后期政府部门之间的信息资源的共享和采集出现障碍。

南山区在政府信息资源集成工作中，需要加强政府信息资源集成系统的顶层设计，这对于政府部门之间的信息资源共享及协作办公有着重要意义。在进行网络系统设计时，不应从单个的部门出发，而应该把整个政府看作一个整体，在单个部门网络系统设计和执行之前，就应该从宏观的角度进行总体架构的分析和设计，从而让各个分系统有着统一的标准和语言进行参照。通过这种顶层设计架构，各个分系统就知道如何与其他系统进行合作，以及与其他系统进行信息共享或信息采集，从而实现跨部门、跨系统的协同办公。

（二）专项财政资金支持

导致多系统并存的其中一个原因就是资金成本，因为要开发一个整合性比较强的系统，需要巨大成本，而小系统可以节约成本，这样，不同的职能需要不同的系统，结果导致系统过多，而各个系统功能不同，接口就不同，所以又会导致系统冗余，结果引起系统信息碎片化。通过财政单列的方式，将信息系统建设与维护作为单列项目纳入财政预算体系中，为信息系统的升级改造、维护、人员聘用等实现可持续的资金支持。

信息技术应用于政府部门的过程中，由于资金投入不足，在大范围推广的时候，故障率太高，出现问题太多，影响到正常使用。并且，一些小型技术公司本身处于发展阶段，各方面技术发展还不成熟，不能从根本上为信息管理系统的建设解决技术难题。当前，信息技术在政府部门的应用已取得一定的成果，但在更好地达到目的并且大范围使用及减少故障等方面有待进一步提高。因此，在下一步的信息技术发展与应用中，需要上级政府在财政方面给予一定的支持，并通过聘用技术发展成熟的大型公司解决相关信息技术推广和应用的难题。

（三）完善电子决策剧场建设

地方政府正着力建设社会服务大厅，计划建成后拥有 1400 平方米的决策指挥系统。作为一种信息化时代的技术产品——电子决策剧场（Electronic Decision Theater）是一种为制定公共政策提供立体交互式的可视化的智慧决策支持平台。它采用高端信息处理显示设备，利用虚拟现实、人工智能、系统工程、决策理论等信息技术与方法，为决策问题分析、决策方案设计、决策过程监控、决策效果评估等决策环节提供可视化的决策支持服务。它由智能人机接口、问题处理系统、知识库系统等构成，其主要硬件包括：多信道图像服务系统、立体背投柱幕系统、视频播放系统、视频会议系统、中央集成控制系统、高性能计算机集群运算系统、大型数据中心等等。它可以应用于大型项目规划与管理，舆情分析与应对，危机应急管理，能源管理，水、土地等自然资源管理等多个领域。电子决策剧场所对应的是泛在的信息网络，这使它可以应用于不同层级的公共决策支撑系统。同时，它也不限于方案决策这一环节之中。电子决策剧场集合了信息收集、决策咨询、方案会商、执行协调、绩效评估等功能，作为一个多系统的整合，它是决策信息、决策方法和决策过程的统一体，因而成为公共决策系统的全过程技术支持机制。

（四）拓展12345功能为电话咨询服务中心

12345的功能性拓展不受体制约束，具有较大的灵活性。而且，现实地看，12345已经具有了市民服务电话的功能。当前，我国政府的政务信息大多以数据、文字和图表等形式存储在计算机网络系统之中，一般可通过门户网站查询。但由于我国的信息化水平还处于探索与开发阶段，再加之网络的普及率偏低与公民对信息技术的掌握还远远未能达到熟练操作的程度，因而，目前公民单纯依靠政府门户网站处理各项行政事务还不切实际。因此，政府设立电话咨询服务中心，统一服务流程，实现人工应答和自动语音查询服务，在一定程度上弥补了门户网站服务模式的局限性。电话咨询服务利用语音合成技术，将行政业务系统中的各项信息进行识读，通过电话等通信终端便可及时快速地办理多项业务。电话咨询服务中心在信息化公共服务领域就显示出不可替代性和巨大的优越性，因而，有专家指出，电话查询在当前乃至今后很长一段时间将继续成为政府公共服务功能中信息发布的主要形式，以弥补门户网站的不足。已经建立的电话咨询服务中心，必须根据有关要求和规范，不断强化服务内容，提高服务质量。同时，还应利用多种管道广泛宣传，以扩大其社会影响力和认知度。

（五）内部信息资源的挖掘

数据挖掘（data mining），是数据库知识发现和价值重整中的一个步骤。数据挖掘一般是指从大量的数据中自动搜索隐藏于其中的有着特殊关系性的信息的过程。利用大数据技术对政府海量数据进行管理和挖掘，是提高公共管理和公共服务智慧化水平的重要手段。政府信息公开的范畴，不应只局限于政府工作动态、政策文件、办事指南等，还应公开政府部门掌握的资料（涉密的除外）。政府数据网站是一种新的政府信息公开方式，美国、英国、澳大利亚都开通了政府资料网站。因此建议有条件的城市建设政府资料网站进一步推进政府信息公开，促进社会各界对政府数据的开发利用。

第八章

政府网格管理中信息集成实现路径

　　公共行政的覆盖能力和均衡性是政府对社会进行有效管理与服务的先决条件。计划经济时代，在条块架构框架内，政府统领着城市的"单位"和农村的"集体"，这实际上构成了一个覆盖完整、管理有效的社会公共行政体系。随着市场经济的确立和改革的深化，这个体系已逐步消亡。与此同时，政府行政体制虽然也在调整和改革，但条块分工的状况并无变化。在失去社会基层体系支持的情况下，政府条块就难以全面和均衡地覆盖公共社会的各个层面，尤其是对各种问题的预防和化解能力急剧衰减，这正是目前各类公共事件频发在行政体制方面的主要原因。政府网格化管理实际上就是在重建一个完备的基层公共行政体系。然而，冰冻三尺，非一日之寒。作为一种新型的政府创新模式，它仍然面临着诸多问题，需要我们继续采用更深、更高层面的改革举措使政府网格化模式更加健全、更加完善、更加高效。

　　从全球电子政务发展的调查及对未来发展方向的判断出发，联合国《关于发展电子政务的报告》提出了"互联治理"的新概念。这个概念来源于"全能政府"（omnipotent government）的思想，这一思想将技术看作是促进公务服务创新和生产力提升的战略工具。报告认为，"互联治理"以政府的集体行动及政府与社会各个方面的共同努力为路径，从而全面提升公共利益。"互联治理"的主要目标在于加强政府机构之间、政府与公民之间及政府与其他各种类型的利益相关者之间的合作，以构筑一种新型的内外关系。

一　完善政府网格化管理的策略

（一）政府网格化管理应遵循的原则

目前，我国政府网格化管理所面临的最大挑战是，如何利用信息通信技术的潜力改变政府服务的传递方式，并且进一步提高跨公共部门的运作效率。在这一过程中，必须坚持以下四条基本的发展原则。

1. 立足实际、切忌教条主义的效仿

"一切从实际出发、实事求是"是基本的哲学方法论，是中国共产党的思想路线，是各级地方政府网格化管理所必须坚持的基本原则。正如公共行政大师罗伯特·达尔在《公共行政学的三个问题》中所言，从某一个国家的行政环境归纳出来的概念，不能够立即予以普遍化或被运用到另一个不同环境的行政管理上去。一个理论是否适用于另一个不同的场合，必须先把那个特殊场合加以研究之后才可以判定。网格化管理在一定程度上是一个"舶来品"，要在中国成功实践，第一要务便是将其"中国化"，要在各地方政府创新中完善，必须要将其"特色化"。政府网格化管理的创新是一场深刻的社会变革，面临着各种复杂多变的新情况和新问题，我们必须坚持正确的指导思想，坚持以科学发展观统领创新工作，把勇于探索、积极进取的精神同脚踏实地、科学务实的态度很好地结合起来。各级政府在进行网格化管理的规划设计中一定要深入实际，深入群众第一线，调查研究、实地考察、扎实工作，立足本地实际，勇于探索，大胆试验，及时总结经验，创造性地开展工作。同时，各级政府和部门的领导干部要牢固树立正确政绩观，避免心态浮躁、追名逐利、挖空心思搞脱离实际和虚假的所谓"新思路""新成果""新经验"，防止将网格化管理搞成"形象工程""政绩工程"，而流于形式主义。

2. 坚持以人为本的网格化管理理念

坚持以人为本的网格化管理理念，是政府网格化管理的应有之义。网格，在生物学中是由支柱和细层组成的网格状骨骼结构，在信息学中，网格是一种用于集成或共享地理上分布的各种资源（包括计算机系统、存储系统、通信系统、文件、数据库、程序等）使之成为有机的整体，共同完成各种所需任务的机制，在管理学借用信息学的相关概念，把网格作

为一种资源提供者和消费者在一组参与节点上协调资源共享和协同解决问题的过程。从网格化管理功能上讲，政府网格架构描述的是所有信息化工具如何作为一个有机整体进行有效工作。需要强调的是，工作人员和团队是网格架构的关键角色，因此，他们本身就是网格架构的重要组成部分。从网格化管理目的上讲，它是围绕公众需求提供公共服务而展开的。故而，没有人的"网格架构"什么都不是；离开了人，网格化管理就失去了存在的前提和基础。更为高远的是，在中国，网格化管理作为政府治理创新的形式，它必须服务于我国的现实——和谐社会的建设。社会和谐是建立在个人与个人、个人与集体、个人与社会和谐的人际关系之上的，显然，只有确立以人为本的理念，才能科学地构建和谐社会，达到人与人的和谐、人与自然的和谐，达到我国各社会阶层、社会利益群体之间的和谐，达到经济、政治、文化等社会各子系统之间的和谐发展，以及各子系统内部的和谐发展。所以，只有在以人为本的理念指引下，树立和落实科学发展观，政府网格化管理才能真正促进经济和社会的全面、协调、可持续发展①。

3. 坚持提高行政效率与改善政府服务质量相结合的原则

政府网格化管理是为了在现有体制机制的基础之上更进一步地促进发展，推行政府网格化管理既要着眼于提高行政效率，又要重视改善政府服务质量。提高行政效率，说到底是为了服务公众，增进公民权益，而不是为了政府机关及其工作人员自身的便利。行政效率高低是衡量政府服务质量的一个重要标准，行政效率低下的政府部门不可能提供高质量的公共服务。政府网格化管理的要旨就是寻求能够提供最为便捷的服务，使公众能够花费较少的时间获得所需的信息和服务。政府机构职员也希望能够查询到所需的信息，以便提高工作效率。目前倡导的服务型政府是以公共服务为基本理念的政府。新公共服务的倡导者罗伯特·B.登哈特认为"公共行政官员在其管理公共组织和执行公共政策时应该集中于承担为公民服务和向公民放权的职责……建立一些明显具有完善整合力和响应力的公共机构"②。简而言之，政府应将全心全意为公众服

---

① 李松锦：《论转型期政府社会治理能力建设》，硕士学位论文，福建师范大学，2008年。

② ［美］珍妮特·V.登哈特、罗伯特·B.登哈特：《新公共服务：服务，而不是掌舵》，丁煌译，中国人民大学出版社2004年版，第6页。

务作为政府网格化管理的出发点与归宿点，以维护人民利益为宗旨，以创新社会治理方式为目标，为公众提供更多优质的公共服务，为市场和社会发展创造更好的政策环境，并将提供服务的质量水平作为衡量政府工作绩效的标准。

4. 坚持以公众为中心的原则

以公众为中心的原则强调的是，政府利用信息通信技术适应客户需求，而不是客户适应政府的需要。为了贯彻这一原则，首先，政府传统的公共服务方式要向以网络为基础的服务方式转变。网络管道应该不是附加的，它必须逐步成为向公众服务的主流管道，即一切面向公众的政府服务应主要以网络为基础来提供。其次，要降低服务成本。要实现这一点，必须大力倡导使用直接联机接入，私营部门的很多公司已经意识到通过直接联机接入互联网而产生的成本与费用的下降，政府应该予以积极借鉴。最后，利用网格化信息技术使政府服务为公众创造更多价值。与传统的服务手段相比，应用网格化的管理手段能更好地为公众服务，为公众创造出更多的价值。

（二）政府网格化管理的实施策略

政府网格化管理的发展作为我国政府治理变革的主要趋势是毋庸置疑的，现阶段我国的政府网格化建设取得了长足的发展，获得了政府和公众的普遍认可。电子信息技术的运用也为我们的政府治理创新带来了福音，成为推动政府治理变革的主导力量。然而，政府网格化管理要真正成为融管理与服务于一体的综合性、跨部门、跨区域的新一代管理平台，较好地实现"信息一次采集、数据统一入库、部门按需调用"的管理系统，还须克服多重障碍。为此，应在总结已有经验的基础上，针对面临的问题，提出新的发展策略。

1. 建立领导政府网格化管理的组织机构，统一政府网格化的发展规划

美国和欧洲于2006年展开了一场有关有线电视、电信和计算机的"三网融合"问题的讨论。虽然各国具体做法不尽相同，但是都普遍认同了产业融合的趋势，并对产业管制形式做了一些相应的调整。美国继续实行联邦通信委员会（FCC）的一体化管理体制。欧盟许多国家则在现有机构继续运作的基础上，开始设立跨部门、跨行业的综合协调机构。各国的

总体趋势都在往一体化管理体制方向迈进。

我国的网格化管理的领导和管理机构可以从中借鉴到有用的经验。首先从部门之间的相互协调开始，成立相关工作小组。目前的产业分类和按部门进行管理的做法都是在原来的技术条件下建立的，而网格化管理既要跨越整个电子信息技术产业，协调各产业部门的利益，又要平衡现有各管理部门之间的利益关系。以我国现实情况来说，推动网格化管理的障碍就在于条块利益的分割上。

因此，如果没有综合性的权威部门领导，政府无法实施真正的网格化管理工程。必须由国务院相关部门设立专门的政府网格化管理的领导机构，统一领导、组织中央政府与地方政府的网格化建设。好在我们已经开始意识到这个问题，"中共中央网格安全和信息化领导小组"就是按照这一思路成立的领导机构。2001年9月，国务院总理开始兼任"中共中央网格安全和信息化领导小组"的组长，这将有利于克服地区和部门利益的限制，对于建设政府网格化管理系统是非常必要的。

2. 制定相应的法律法规，保护网络安全，促进政府网格化管理的发展

若要发展政府网格化管理，立法要先行。立法要从有利于电子信息技术发展、有利于网格化管理开展的角度出发，及时解决网格化管理发展中遇到的问题，如电子支付、电子签名的合法性等，制定网格化系统管理中的信息技术规范，并及时修改传统法律中不适应信息技术发展的部分等。

同时，还必须加强政府网格信息的安全管理，不断提高反黑客、反病毒技术，以保证信息网络的安全；还要制定相应的法律法规，对政府信息网络的建设、管理、维护，对其内容和形式的规范进行必要的规定和约束，以保障政府信息网络的规范、安全运行。针对网格化管理的安全特性，从理论层面和应用层面有两种观点及操作方法。其一是技术隔离，即将政务信息完全搬到网上，再利用技术手段保障网上政府政务信息的安全，如网络分级授权、多级防火墙、数据库备份、数字签名等。其二是物理隔离，即不完全依赖虚拟网络，而是采用网上与网下的配合完成业务。把重要的决策、审批、授权等放在网下，这种操作方法依旧依靠传统手段执行。两种隔离技术的适用范围各有不同。技术隔离倾向于事务性的政务信息，而物理隔离则针对安全级别较高的政府政务信息。

3. 网格化流程必须紧密围绕公共需求设计，尽可能使公众均等享受公共利益

目前开发的网格化城市电子政务流程以公众需求为核心，极大地缩短了公众使用信息距离，其终极目标就是为社会公众提供方便、快捷、经济、优质的服务。因此，网格化流程的实施非但与社会公众利益没有直接冲突，反而会极大增加社会公众福利。

不过，考虑社会公众不同群体的具体特征及情况，并非所有群体都能均等享受网格化流程的好处。如果某类终端使用者因各种原因无法获取流程服务，其利益将受到损害，而这也将导致网格化流程的终端用户参与度下降。为此，城市政府决策主体除了设计完善网格化 CEG 流程外，尚需准备相当的资金和精力来提高公众（特别是一些特殊群体）参与度。事实上，除使用操作方便性之外，尚有其他很多主客观因素可能会严重影响不少特定群体获取网格化流程服务。例如，网格化流程知名度不够，不广为人知；受网络条件及终端设施的限制；受个人技能限制等。

所以，尽管网格化流程已把社会公众利益的考虑置于核心地位，但为确保公众利益最大化和避免在部分公众群体之间形成新的数字鸿沟，政府决策主体仍需在宣传推广、培训教育、资金资助等方面强化网格化流程的知名度、易获得性及易接受性。通过保健性对策消除各种潜在影响因素对终端使用者启用网格化流程的阻碍，通过激励性对策促使终端使用者主动积极参与网格化流程的使用，提高社会公众参与度，使所有社会公众均能享受网格化流程的便捷服务并从中获益。

4. 为了实现横向上的政府部门之间、纵向上的政府层级之间的相互协作，适用于网格化信息管理的一系列标准也应该着手研究

因为只有通过统一的标准工具，才能真正解决跨政府部门的矛盾和不和谐的体制等问题，才能实现各类政府部门、各级政府有效的使用和分享信息，才能保证整个流程在可靠的控制之下。

以英国为例，英国政府制定了"电子政府协同工作框架（e - GIF）"，并保证每 6 个月更新一次，以确保各政府部门在统一的标准下能够协同运作，而且使信息可以在公共部门之间实现自由传递和共享。另外，英国政府还积极参与欧盟和欧盟标准化委员会（CEN）的项目，从而培养协同工作能力并确定盟国的电子政务政策和标准。英国正是凭借所建立的网格系统的统一标准，不仅提高了政府公共服务的质量，而且也间接提升了政府知识和资产管理的效益。

5. 后台信息集成是政府网格化管理的关键，也是我国政府网格化管理的薄弱环节，必须重点突破

就连通性来说，目前世界各国和地区已经普遍注意到健全的网络后台信息集成系统是促进电子政务应用和服务拓展的重要条件，并通过相应的投入使其得到了全面的提升。一些国家的网格化发展经验表明，后台办公作业必须毫无缝隙地集成到一个完整的系统中才能实现真正的高效治理。北欧一些国家通过中央政府和各部委的电子政务后台的有机整合，改进了政府的服务，加快了信息的传递。

可以这样说，若是没有整合性的后台信息系统作为支撑，想要提供高质量的政府服务是不可能的。世界各国早期的电子政务的发展都忽略了后台系统的整合，而将重点集中在前台的网络服务上。随着电子政务的深入发展，越来越凸显出跨组织的业务协同和信息共享的重要性，使得政府网格化管理需要向着整合与互联的方向发展。

实现后台信息系统的集成整合必须经历三个发展阶段。

第一个阶段是基础设施建设阶段。通过对社会各个方面和公共部门内部创造一个良好的信息基础设施，为企业、公民及所有的利益相关者提供可靠的、可承担的互联网接入服务。

第二个阶段是整合阶段。为更好地促进信息共享，必须在公共部门之间平衡新的基础设施。通过以公民为中心的更为高效的政府治理模型，向公民提供高度整合的高水平、多渠道的政府服务。

第三个阶段是转型阶段。通过在政府内部及政府不同部门之间更富成效的网格化治理方式来推进民主发展和服务创新，使政府的服务水平和管理能力得到根本性的提升，全面实现政府的转型。

以上三个阶段是相辅相成的关系，整合阶段必须以较为完善的、能够不断进行升级的基础设施为前提，只有以可靠的基础设施作为保障才能够实现有效的整合；同时，只有完成了有效的整合，才能使政府的公共服务质量得到提高，才能使政府实现真正意义上的转型。

6. 引进和培养知识化、专业化的优秀人才，为政府网格化管理创造永恒的动力

政府网格化管理的成败事在人为，人才资源是第一资源。政府的网格化建设所需要的人才不仅要有专业的理论支撑，而且应具备一定的实践基础来指引，这对于人才的引进和培养提出了更高的要求。知识化、专业化的优秀人才往往具有较强的创新冲动和禀赋，而且当他们以群体面目出现时，共同的创新追求、共同的价值观念会相互碰撞和震荡，容易孕育和培育出创新文化，进而推动创新行动。① 然而，政府目前最稀缺的就是这一知识化、专业化的精英群体，这是制约政府网格化管理提升的最大障碍。因此，政府要有紧迫感，要研究和制定切实可行的人才发展规划及战略，通过引进和培养两种方式双管齐下来解决政府网格化管理人才缺乏问题，不仅要有一定的待遇保障，更重要的是要创造一个良好的用人环境。政府的人才培养除了建立和完善培训制度外，还要创造灵活的晋升机制，促使工作人员给自己施加压力，不断地自我学习、自我提升。政府只要拥有了一支庞大的知识化、专业化的人才队伍，政府网格化治理能力的提升才有了智力上的保障。"有了密集的知识人才群体，就有了持久创新的动力源。有了创新，政府就有了精神之本、力量之源。"②

（三） 实施政府网格化管理策略的方法

政府网格化管理的发展策略需要"一体化"建设思路，因此搭建一个统一的、灵活的、可扩展的、开放的软件基础架构平台，是政府部门制定发展策略时需要考虑的首要问题。

"面向服务的体系结构"（SOA）作为软件基础架构发展的必然趋势，它既是中国政府网格化管理后台系统信息集成工具，也是构建基础架构平台的最佳方法，它能够为政府部门集成各分立系统，打通人员、信息和工作流程，并且显著节省投资，明显提升政府的工作效率和服务质量。

IBM 公司开发了一种策略管理方法——IBM 的 SOA 策略方法，它可以将跨部门的产出与技术策略，用于协调审计、转换、实施和监控紧密耦合。这种方法可以与整个 SOA 治理融为一体。

IBM 的 SOA 策略方法是通过密切关注 SOA 策略实施来促进跨策略领域的整合和互操作性的方法。策略是 SOA 中的一级资产，它提供了实施和跟踪服务生命周期的各个阶段的能力（见图 8 - 1）。

---

① 方盛举：《政府创新的基本策略》，《云南师范大学学报》（哲学社会科学版）2005 年第 37 卷第 2 期。

② 刘靖华等：《政府创新》，中国社会科学出版社 2002 年版，第 14 页。

图 8 - 1　SOA 治理和服务生命周期管理流程图①

利用这种方法，可在 SOA 转换过程中的不同阶段向 SOA 环境添加策略。策略增强了 SOA 组件的价值主张，提高了 SOA 解决方案的适用性，推进了它的采用。它还可以增强操作的控制能力，提高灵活性；改进跨 IT 和业务角色的协调能力；改进部门内部和跨部门作业的一致性。

对于具体执行策略流程的管理人员来说，他们的工作主要是描述各人员认可的期望状态或要执行的活动；创建可被机器理解和自动化的元素和属性；将期望活动转换为自动实施。

二　政府网格化管理中的信息集成路径

政府网格化管理中的信息资源集成实现路径具体可分为三个层次：数据级集成、应用级集成和业务流程级集成。这三个层次的集成是在同一系统依次进行的，先有数据级集成，再有应用级集成，最后才有业务流程级集成。对于网格中的信息资源集成来说，三种集成是紧密联系、互相依存、缺一不可的。任何一种集成都以前一个层次的集成为前提，是先一个集成的继续与深化，从这个意义上来说，任何一种集成都不可能独自承担信息资源集成的大任。

（一）政府网格化管理中的数据级集成路径

卓有成效的数据集成是高效处理数据的前提，也是建立政府网格化信息集成系统的基础。由于数据元素是最小的信息单元，因而数据元素的标

---

① IBM 公司：《SOA 治理和服务生命周期管理》（http：//www - 2000. ibm. com/software/cn/solutions/soa/gov/policy）。

准化是数据管理工作的首要条件。数据中心是数据级集成规划的核心对象，其主要功能是为网格系统各项业务的展开和信息交换提供必要的数据和技术支持，是完成资料的搜集、整理、储存、处理、应用及备份等各项管理和服务的汇聚场所和基本运行环境，是确保信息一致、协同业务管理、提供公共服务及实现信息共享和一条主线传输等各项要求的基础性工作。

数据信息集成的目的是通过整合政府内部处于分散状态的会议、文档、日程、人事等各项管理业务及公文交流、电子审批、决策支持等各项系统数据，打破信息资源相对独立的分割局面，把分散在不同载体、不同区域和不同格式上的各种信息组合成有机整体，建立一个可以网络内自由共享和异构数据库同步访问的统一协调的信息资源数据库群，最终达到提高信息资源的利用效率和管理服务水平。同时，应确保数据集成过程中的数据信息的安全性与保密性，这是数据信息集成发挥功能的前提条件之一。另外，还应处理好信息集成体系结构的开放性与可扩展性之间的关系，达到能够提供多种符合主流工业标准的功能扩展接口，通过此项功能扩展，以满足未来网格化中信息集成建设的新需求。

1. 数据库的信息集成体系结构

政府部门数据的存储应保持分布式，即能按照特定的需求，从数据库中随时提取所需要的数据，而不必建设集中的信息资源中心。然而，对于分布式存储的数据需采用统一的数据模型，以确保数据的唯一性、一致性和准确性，从而有效地支持综合业务系统与一站式办公的需求。该数据模型无缝地提供异构关系数据、XML 和文本等非结构化数据的统一访问与管理。其体系结构的基础是数据层，它提供对来自不同数据源的不同格式数据的存储、检索和转换。第二层是服务层。服务层是构建在数据层基础之上的，是从各种应用系统中抽取的，用来提供将数据访问服务透明地嵌入到电子政务应用系统和业务处理过程的基础结构，顶层针对数据层和服务层提供丰富的服务和数据集，并提供了基于标准的程序设计模型和查询语言。信息数据集成模型如图 8－2 所示。①

（1）数据层的功能在于提供异构数据的存储、提取、检索及与外部数据源的联系。支持从 XML 文件、非结构化数据、无缝化数据库（DB2、

---

① 曹高辉：《电子政务信息集成研究》，硕士学位论文，华中师范大学，2005 年。

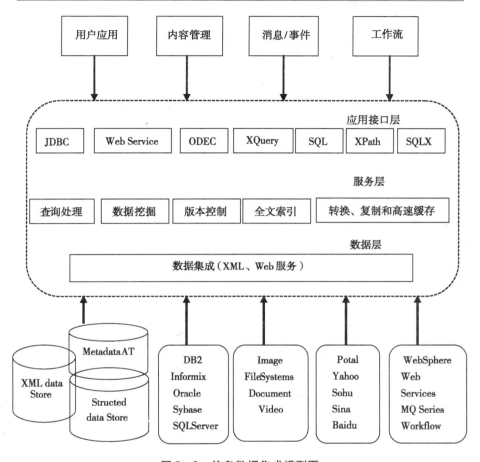

图 8 - 2　信息数据集成模型图

Oracle 等）、Web 档（从各种大众网站与各政府门户网站等）、应用系统等提取数据，并将提取的数据封装为结构化关系条、半结构化 XML 文件，用 XML 进行数据的检索、更新，支持 XML 数据模型，而不仅是改头换面的关系记录管理器、索引管理器和缓冲区管理器。

（2）服务层基于电子政务应用系统，"利用数据层所支持的增强的数据访问能力来提供嵌入式应用程序集成服务。包括查询处理，文本检索和挖掘，版本控制，元数据管理，数字资产管理、转换、复制和高速缓存"[①]。

（3）应用接口层的功能主要是支持查询语言和程序设计界面，在电子政务数据信息集成体系结构中需要完全支持传统的程序设计界面（如

---

① 曹高辉：《电子政务信息集成研究》，硕士学位论文，华中师范大学，2005 年。

JDBC 等），这有利于简化已有应用程序的迁移。因为存在类似传统的应用程序编程接口是同步的，导致了数据源的出现与消失，多个应用程序提供同一服务，复杂数据操作时间较长等问题，因此，为了简化这种多样的数据环境所带来的弊病，数据平台还需提供基于 Web Service 的接口及基于消息队列与工作流技术的异步数据检索 API，以透明、有效、及时地调度和管理长期运行的数据搜索。

与程序设计界面相同，集成体系中需要不断增强既有应用程序的标准查询语言功能，以便支持 XML 的应用程序运行，不管使用什么类型的查询语言，一切应用程序都能够访问数据层所支持的相关内容，应用程序还可以发出 XQuery 请求，透明地连接来自关系表、本地 XML 存储及外部服务器检索的各种数据。这主要是使用了 SQLX 作为用于混合数据模型的应用程序及 OLTP 类型应用程序的查询语言，使用了 XQuery 作为用于 XML 数据模型的应用程序的查询语言。

2. 数据集成工作流程

数据集成的工作流程依次为规范数据中心、集中数据资源、整合系统数据。

（1）规范数据中心。数据中心的规范化可从对数据资源管理的政策性要求、技术性要求和业务支持要求三个方面展开。

第一，政策性要求。按照国家统一标准，建立规范、统一的网格系统数据中心，全国各级政府的数据中心建设需制定信息资源管理基础标准，建立系统数据模型和系统功能模型。在数据中心、信息系统的建设及本地化过程中必须严格执行国家统一规定的信息标准，此外，各级政府可根据业务扩展的需要按统一的规定进行一定的指标扩充，并制定统一的编码体系和信息分类，实现信息系统内数据的充分共享与无障碍采集。

第二，技术性要求。在技术上保障各层级政府所建立的分布式存储数据库中的数据具有一致性、唯一性和准确性。不需要或不具备条件建立数据库的政府部门，其数据应向上一级数据库集中，已经建成的政府部门，需继续加大整合力度，确保数据与系统的有机整合。

第三，业务支持要求。按照全国统一标准建设的各类交换资源数据库的要求，将各级政府部门的各类业务资源数据库统一纳入相关层级政府主管部门的存储数据库中，为各级数据中心彼此互联互通做好基础性工作。

（2）集中数据资源。网格化管理要求建立业务协同和数据集中的应用系统，不断提高政府相关业务部门之间的资源共享、互相协助处理事务的能力，以实现各种公共服务由同一系统对客户提供统一协调、一体化的管理和服务。数据集中要求将所有业务数据、管理数据（即政府网格管理中的各项职能信息）都集中到一个存储设备中，数据的存储、处理和管理统一由一套数据库系统负责完成。这些数据库既相对独立又相互关联。相对独立是为了保证独立操作信息的快速检索和管理，相互关联是为了保证业务资源的传输、共享及转换，以最终确保数据的一致性、完整性、有效性与安全性，并保证在系统出现故障的情况下相关应用能够得到快速接管。

（3）整合系统数据。数据质量的控制建立在数据整合的基础上。政府网格中的信息集成涉及业务整合、数据整合和技术整合等几项工作，其中，数据整合的主要任务是对原有系统的人员及单位基本信息进行归并整理，以及对原有系统的历史数据进行继承。它是系统建设的关键，也是信息集成的基础性工程。在信息数据的集成过程中，数据的完整、准确及畅通流转是网格化管理系统建设的根本保证。因而，数据库系统的有效运行和数据质量的全程控制是政府各类业务工作的重点工作。在很多地方政府网格化管理建设之前，政府各个部门都有比较独立的系统。在整合信息数据时应注意以下几点。

其一，数据的核对与确认。即认真核查各系统中的基本信息，排除无关数据，确认所需数据，并导出需核对数据。一般操作流程是，先针对系统中的基础数据编写数据比对程序，再借助信息技术对原有系统的基础信息数据进行一一核对、排除和确认，最后列出待核对数据。

其二，确定合理的数据转换方案。在对新旧系统的历史数据进行转换时，必须确定合理的数据转换方案。在制订方案前，相关使用者需要配合开发人员，并对原有系统的数据结构有非常清楚的认识。因为新旧系统的数据结构差别较大，在原有数据导入新系统时，有的是内容要合并，有的是内容要拆分，特别是公用信息的转换，这些信息在原来各自的系统中本来就不尽相同，而在转换时就会出现系统内容标准的重新确定问题。此时，必须由各经办机构的技术人员和业务人员共同商量确定。

其三，采取有效的数据校验手段。在数据整合工作中，有些是可以通过计算机自动实现的，而如果涉及诸如人员及单位基本信息的合并，就必须依靠人工比对才能实现。在进行人力核对大规模信息时，需将辖内的基础数据进行了认真核对，补齐基础数据信息，并及时纠正历史数据中存在的错误信息。

其四，建立长效机制。在实践中，由于主客观因素的制约，即使对相关数据进行多次核对，系统中仍可能会存在一些问题数据。此外，随着新系统的不断运行、变更数据的增多，也必将产生新的问题数据。因此，有必要建立具有可操作性的信息核对长效机制，使数据库中的问题数据处于可控状态。建立信息核对长效机制是一项长期而艰巨的任务，它需要科学的规划、合理的实施。只有问题数据得到有效解决，才能最终达到"准确、完整、及时、统一、安全"的要求。只有系统中信息数据经过整合集中，各子系统中的数据实现交换与信息共享，才能为应用级集成奠定良好的基础。

（二）政府网格化管理中的应用级集成路径

在数据级集成的基础上，需要进行应用级集成。应用级集成是政府网格化管理中的信息资源集成的第二层次，其主要工作是为集成于数据平台上的业务系统及以业务系统为基础的核心平台，通过业务专网的传输来确保各应用系统的安全、集成运行。

目前，西方国家的政府大多采用"面向服务的体系结构"（SOA）作为应用集成的路径。其宗旨就是以服务为中心，其功能就是将政务应用构建成为服务的集合。通过标准的协议，大型的政务应用可将独立的政务过程以服务的形式封装起来，而这些服务则可以由政务系统外部或内部政务系统的其他服务所自由调用。使用 SOA 的政务应用，可以在已有服务的基础之上建构新的政务应用，构成组合服务。此外，由于标准的协议访问服务还能使服务做到位置独立，享受服务的使用者也可以通过对服务注册中心的查询来获得服务的相关信息。获取信息后，用户还可以服务协商调用的接口，实现对服务功能的调用绑定。SOA 尽管是一种组件模型，但它更强调的是松散耦合和中立的接口定义。从 SOA 的思想出发，服务是从业务流程的角度来看待技术的，这种视角同普通的用技术所驱动的商业视角正好相反，其服务的优势是它会同业务流程有机结合在一起，能够更加精确地表示业务模型、更好地支持业务流程。

目前，电子政务系统还普遍存在"信息孤岛"的现象，以往集成的这些异构系统，要依赖具体供货商专有的解决方案。尽管运用专有方案的技术可以集成孤立的系统，但应用却变得越来越求助于外部。而且，因为需要其他的一定数量的资源来维护专有的标准与协议，系统的扩展也将变得困难重重。从本质上来说，SOA 是一种由具有互操作性与位置透明的组件集成构建而成的拥有特殊性质的体系结构。它借助于 SOA 的系统架构，能在现有系统架构投资的基础上得到发展，因此，并不需要重新开发全部的子系统。SOA 能通过利用系统已有的资源开发人员、硬件平台、软件语言、数据库及应用程序来重复利用系统中现有各种资源。同时，SOA 还是一种可适应性强的、灵活的体系结构类型，基于 SOA 构建的系统架构能够在系统的维护和开发中大大缩短产品上市的时间。因此，它可以极大地降低电子政务系统开发的风险与成本。因而对于网格中的信息集成应用，SOA 是一种很好的选择。

　　SOA 架构是解决网格化信息共享的有力工具，特别是针对地方政府的网格化管理建设。图 8-3 显示的是一个典型的地方政府部门之间的关系，我们用不同的形状标识不同业务部门的隶属关系：椭圆形部分表示直接受地方政府领导的部门，如交通管理、城管、街道乡镇、信息办等；圆柱形部分表示同时受地方政府和相应的上级部门领导的部门，如公安、税务、工商等部门；圆角矩形部分表示不受地方政府领导的机构和部门，如武警和其他专业机构等。同时地方政府还要向上级政府负责。

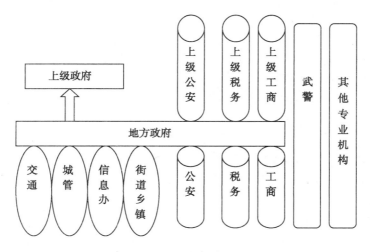

图 8-3　地方政府关系

　　当前，地方政府各部门之间的横向协作，区域性发展模式越来越明显。从信息共享的角度来说，地方政府需要能够从各个纵向的业务系统中得到不同的信息服务。目前多数业务部门都已经建立了自身的业务系统，特别是一些纵向负责的部门。例如，公安、税务部门都已经建立了全国一体化的"金盾""金税"系统。没有业务系统的部门也基本上实现了公文流转信息化，建设了 OA 系统，同时日常使用如 Office 等办公自动化软件辅助日常工作。但是这些不同的业务系统隶属于不同主管机构，相互之间有不同的信息格式，缺乏横向之间的联系。现有各系统之间的信息交互主要通过纸面打印文件方式，而且信息提供者不一定能够满足信息需求者所需要的内容和格式要求。

　　SOA 体系结构的出现改变了这种局面，针对各部门相对独立的特点，在体制无法突破的前提下，可以考虑构建地方政府的 SOA 信息基础架构平台，如图 8-4 所示。政府作为这个平台的拥有者，制定相应的标准，各个业务部门根据业务职能，通过 Web Service 方式将自己能够提供的服务对外发布，供其他业务部门使用，将一个个业务部门变成了一条条 SOA 服务线。这样一来，部门之间在实现信息共享的同时，不需要关心对方信息系统内部的细节。这个 SOA 信息基础架构平台的作用体现在两方面：对于各个业务部门来说，由政府牵头建设标准平台，提出参考架构，可以约束各个"服务线"的建设，规范整体电子政务体系；对上可以依托这个信息基础架构平台搭建地方政府的 SOA 应用，实现随需应变的政府。

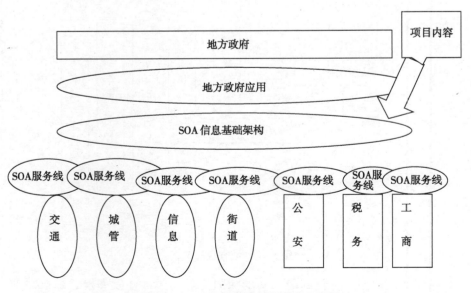

图 8-4　SOA 信息基础架构平台示意图

地方政府的网格化中的信息集成与中央政府相比，更易于 SOA 体系结构的实现。对于地方政府而言，网格化中的信息共享与集成并不是包罗万象，而是根据特定管理主题，将数据以特定的表现形式集成。这个集成不是数据的简单迭加，而是服务的组合结果。基于国内网格化信息系统发展不成熟、不平衡的现状，定义过多的服务反而会造成更多的信息竖井，而建立一个能够有服务集成标准，有服务集成规则的标准平台是目前最可行的途径。

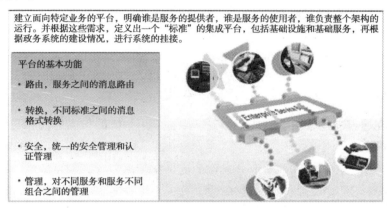

图 8 - 5　SOA 平台结构示意图①

如图 8 - 5 所示，建立这个平台，可以明确谁是服务的提供者，谁是服务的使用者，谁负责整个架构的运行。并根据这些需求，定义出一个"标准"的集成平台，包括基础设施和基础服务，再根据网格化系统的建设情况，进行系统的挂接。

这个平台的基本功能包括：路由，服务之间的消息路由；转换，不同

① IBM 公司：《基于 SOA 的区域电子政务解决》（http：//image. baidu. com/search/detail？ct = 503316480&z = 0&ipn = d&word = IBM% 20 面向服务的政府——基于 SOA 的区域电子政务解决方 &step_ word = &hs = 0&pn = 0&spn = 0&di = 64187924581&pi = 0&rn = 1&tn = baiduimagedetail& is = 0% 2C0&istype = 0&ie = utf − 8&oe = utf − 8&in = &ci = 2&lm = − 1&st = undefined&cs = 28541522 3% 2C4043950908&os = 1660270264% 2C3729588223&simid = 4285107602% 2C1022536111&adpicid = 0&ln = 1150&fr = &fnq = 1478342558038&_ R&fm = &ic = undefined&s = undefined&se = &sme = &tab = 0&width = & height = & face = undefined&ist = &jit = &cg = &bdtype = 15&oriquery = &objurl = http% 3A% 2F% 2Fwww. ibm. com% 2Fcn% 2Fpublic% 2Fimages% 2Fpic_ solu_ dzzw_ 05. jpg&fromurl = ippr_ z2C% 24qAzdH3FAzdH3Fks52_ z% 26e3Bvitgw7gtx_ z% 26e3BgjpAzdH3F7t1 − dam80nd8 − t1 − 81898an_ z% 26e3Bip4s&gsm = 0&rpstart = 0&rpnum = 0）。

标准之间的消息格式转换；安全，统一的安全管理和认证管理。

有了这个平台，之前的许多问题就可以迎刃而解了，例如：各个政务系统接口不统一，很难结合；许多政府系统数据不完全，不能提供所需数据；对区域的管理缺乏科学的依据和信息管道；缺乏各个部门之间的综合分析；业务流程与信息之间缺乏联动关系，有数据不能用；等等。

这个平台还具有几点优势：屏蔽各个部门之间政务系统的差异性；提供了集成标准，从而为未来的信息服务提供了规划；建设标准的信息服务集成平台，有利于系统的不断完善；以业务流程串联各个服务，完成业务流程和信息之间的联动；能够有效地完成数据与流程的结合。此外，由于采用了开放协议，更利于适应未来的业务流程的变化。

（三）政府网格化管理中的业务流程级集成路径

在通过应用级集成完成业务专网中各应用系统的集成运行和安全传输的基础上，为使网格化管理中后台业务系统的服务项目和功能得到优化、重组与整合，实现同前台业务操作的信息化、流程化管理及运作流程的无缝集成，必须进行业务流程级集成。这种由操作流程决定职能，进而实现组织机构信息化的管理模式，充分体现了业务流程再造理论的基本思想，同时，也在客观上为网格化公共服务和政府职能转变提供了科学路径与方法。

总体而言，对业务流程集成的研究大致可基于两种不同的视角：一是对相近的服务项目提供"一揽子"服务，即相近业务流程的无缝集成；二是对业务流程的优化、重组与整合，即在条件有限的情况下，将不同服务项目的业务流程依照优先原则排序，然后对各项业务分批、分段实施。

本书运用第一种研究视角对政府网格化管理进行业务流程集成分析。根据政府变革的需求不同，可将政府业务流程再造划分为优化、重组和整合三种类型。决定是否需要对原有行政业务流程进行再造，一要从合理性的角度对相关业务进行具体分析；二要考虑网格化信息系统是否支持原有流程，最终实施有针对性的再造计划。

第一类：对原本就不合理或在传统行政运作模式下还属合理，但是，从技术层面难以得到政府信息系统支持的，已影响到网格化信息系统运行的业务类流程，应该进行重组，以改变不适应的状况，提高政府行政业务处理的效率。

第二类：对本来较为合理，也可以从技术层面得到网格信息系统一定程度的支持的，但二者之间不能完全相适应，很难充分发挥政府信息系统整体效能的业务流程，应该进行优化。

第三类：综合了前两类的特点，一方面，从传统的运作模式来看还属于合理，另一方面，也能从技术层面得到网格信息系统一定程度的支持，但因为服务事项本身的特殊性与复杂性，如其主要办理环节分别属于不同的行政部门乃至跨越不同行政级别的政府部门各自专属办理环节。类似这样的行政业务流程则需要加以整合。

解决行政部门存在的机构运行不顺、职能交叉、部门之间整体互动性差及市场化运作程度较低等问题是政府网格化中信息资源集成的首要任务之一。尽管进行政府业务流程再造，与实现运行流程和管理模式与信息技术规范、简洁、高效、透明等特点相吻合，然而，这并不意味着要将当前的手工操作程序简单地"计算机化"，而是要用信息技术来提升、规范、改造及处理政府工作的各项行政业务。在对现有业务需求进行全面分析的基础上，把那些需运用计算机管理和依靠信息化处理的业务挑选出来，进而对业务流程加以优化，使部门与部门之间、岗位与岗位之间权责明确、分工合理、交流顺畅、机制有效等，从源头上提高行政工作的质量和效率。

业务流程级集成通过业务经办的外化形式——信息化公共服务而体现其目标及作用。其集成路径主要集中在以下三个方面。

1. 服务管道的集成

现代网络的发展，为政府公共服务的展开提供了一个前所未有的新型业务办理平台，各级政府网站分门别类将其各种基本服务内容集成连接到对应的内设部门的门户网站。同级政府的各部门下辖单位建立的各类网站，也被集成连接到本部门的政府网站中，并且又统一连接到上一级政府部门的网站。根据电子政务与政务公开的总体要求，逐渐丰富和完善网站内容，对各项服务信息实施及时更新，增强网站信息的时效性；积极探索开展网上事务处理方式，充分发挥门户网站在行政事务处理中的作用，有力地扩大基于信任体系的自助式网上业务办理范围，提高为社会公众提供信息服务的能力，为社会公众提供各种政策文件下载，信息查询，实时业务办理，意见或建议的收集、回馈、处理等日常事务性服务。

当前，我国政府的政务信息大多以数据、文字和图表等形式存储在计算机网络系统之中，一般可通过门户网站查询。但由于我国的信息化水平还处于探索与开发阶段，再加之网络的普及率偏低与公民对信息技术的掌握还远远未能达到熟练操作的程度，因而，目前公民单纯依靠政府门户网站处理各项行政事务还不切实际。因此，政府设立电话咨询服务中心，统一服务流程，实现人工应答和自动语音查询服务，在一定程度上弥补了门户网站服务模式的局限性。电话咨询服务利用语音合成技术，将行政业务系统中的各项信息进行识读，通过电话等通信终端便可及时快速地办理多项业务。自电话咨询服务中心在全国各级政府开通以来，它在信息化公共服务领域就显示出不可替代性和巨大的优越性，因而，有专家指出，电话查询在当前乃至今后很长一段时间将继续成为政府公共服务功能中信息发布的主要形式。因此，尚未建立电话咨询服务中心的地方政府，应早日建立以弥补门户网站的不足，而已经建立电话咨询服务中心的地方政府，必须根据有关要求和规范，不断强化服务内容，提高服务质量。同时，还应利用多种渠道广泛宣传，以扩大其社会的影响力和认知度。

作为信息资源集成最基本和最重要的方式之一，业务经办窗口在业务流程上统一了事务处理程序，充分体现了政府网格化管理业务流程重组、优化后公共服务质量的改善和效率的提高。任何单位及个人只需要到一个经办窗口，便可同时办理自己关心的公共服务事项，完全享受"一站式"服务带来的便捷。另外，值得一提的是，公共信息亭作为政府网格化服务的另一形式，开始越来越受到政府部门的青睐。它是一种基于计算机信息网络的集信息查询技术、触摸屏技术及多媒体技术于一体的提供增值服务和公共信息服务的自助式终端设备。

以苏州市公共信息亭为例，"市民若想了解个人养老保险方面的信息，只需进入电子触摸屏首页。点击'苏州政务'栏后，屏幕显示若干服务子项目，点击'市民办事'，进入'社会保障'一栏，点击进入下一页的'办事指南'，系统页面上将出现若干条社会保险、社会救济方面的政策信息，接下来市民可以选择'社会养老保险个人账户'这一项目查看详情，内容涵盖对社会养老保险的介绍、个人账户储存额的构成及其使用途径、个人账户的记载方式等事项记录。经过信息亭的电子查询，市民便可清楚地获悉与个人养老保险相关的各类信息，而不必专程赶往相关部门查问。这种跨越时间和空间的信息获取方式，大大节约了市民的信息查询成本和时间。同时，也为政府部门的信息发布提供了一个民主、透明、便捷、高效的运行平台"①。

2. 服务内容的集成

服务内容的集成即通过业务流程级集成，将服务内容按事件性质集成为三类服务内容。

（1）综合业务的查询。综合业务查询是基于信息发布层面的电子政务服务项目，它涵盖了政策类信息、参数类信息、个体性信息等。政策类信息包括组织机构、政策法规、经办流程、办事方法等；参数类信息包括本地区人口分布状况、男女性别比例、社会平均工资等；个体性信息是指与个人相关的信息。

（2）交互式信息服务。交互式信息服务是基于政府与公众互动层面的电子政务服务项目，主要包括公众的信访投诉、政策建议回馈及政府的网上答复与办理。

（3）事务性服务。事务性服务是基于交易层面的政务信息服务项目，主要包括网上缴费申报、网上职业介绍、网上审批等服务内容。

3. 服务层次的集成

信息化公共服务包括本地业务办理和异地业务办理两个层次。本地业务办理是指通过网站、电话咨询服务中心、小区窗口及其他有效的网络系统终端，在用户户籍关系所在地为其办理本地信息查询和相关公共事务服务；异地业务办理是指在用户户籍关系所在地办理外地政策信息查询，或在外地为用户提供其户籍关系所在地的本人信息，以及通过网站进行跨地区招聘求职及通过小区窗口为用户提供跨地区社会化管理服务等。这两个层次的业务办理均可以通过信息资源集成来实现。

政府信息系统经过数据级、应用级和业务流程级集成，以数据中心为核心资源库，以业务系统和统一应用软件为载体支撑，以互联网应用为技术手段，以信息化公共服务为设计目标，为政府网格化管理的功能实现奠定了基础，同时，也为政府信息资源规划提供了一套科学合理的设计方案，确保了政府宏观管理、市场监管、公共服务与社会管理这四大任务的全面完成。

---

① 　颜丙通：《业务流程集成规划》，《现代企业教育》2009 年 5 月下期。

结　语

政府网格化管理中的信息资源集成是电子政务建设过程中重构政务信息资源的一种理性方式和手段，它并非对现有政务信息资源全盘否定或另起炉灶，而是通过梳理和有效编排，对其进行合理继承和发展。网格化管理中的信息资源集成不是信息技术与政府管理的简单叠加，而是二者融合所成的一种新的政府管理模式。

对于政府网格化管理中的信息资源集成而言，它必须贯穿两个核心理念：一是从外在管理和服务的需求来看，应当以客户为导向，面向全流程；二是从内在管理和服务的提供来看，应当以资源整合为目的，实现工作协同。

基于上述认识，本书在广泛的资料收集、文献研究及实证调查分析的基础上，结合发达国家在政府信息资源集成研究领域中的实践进展，吸收消化信息资源管理、网格化理论、公共管理等众多学科已有的研究成果，认为网格化管理是由传统的"综合管理"向"综合服务"转变的模式；而信息资源集成则是破解我国行政体制条块分割顽疾的治理工具，并据此提出了政府网格化管理中信息资源集成的总体框架及运行模式。其主要研究结论如下。

第一，从政府网格化来看，政府网格化管理指的是借用空间网格及计算机网格管理的思想，将管理对象按照一定的标准划分成若干网格单元，利用现代信息技术和各网格单元间的协调机制，使各个网格单元之间能有效地进行信息交流，透明地共享系统的各种资源，以最终达到整合系统资源、提高管理效率的现代化管理模式。由于政府网格化管理是基于网格信息资源共享的政务管理协同，因此它必然要依赖于相应的信息基础设施，以及与之匹配的政府信息资源集成。

从政府信息集成来看，政府信息化管理的"根"在政府网格之中，政府信息流的整合与流通有赖于"网格化管理"的框架。政府网格化管理平台是信息集成技术系统的核心和依托，是业务流、信息流贯通、流转和存储的载体，是政府信息运行的环境支撑。只有以"网格化"模式为载体来整合并集成信息，以信息流调控人流、物流，才能实现政府管理的信息化、人性化、法制化和透明化。

所以，政府网格化与信息资源集成是形式与内容的关系，二者之间应水乳交融，互为依存。即信息资源集成是网格化管理的实质内容，网格化管理是对信息资源集成的外在表现形式，是对信息资源集成的反映与载体。

第二，目前我国对"网格化"管理的研究，基本上聚焦于数字化政府等信息技术层面，即将网格化技术植入政府现行的管理体制和机制中。本书则没有只停留在网格化管理技术上，而是更多聚焦于政府管理的运用层面上，并试图将网格化管理的理念融于政府的管理体制与机制之中，从政府机制创新的角度揭示网格化管理中的信息集成在建设服务型政府中的运用。其基本点有二。一是由职能导向转变为以客户为导向，面向全流程。传统的政府管理模式是面向职能的，政府管理以各项职能的实现为目的。在网格化管理中，政府部门真正从服务公民出发，使管理面向客户，以关注服务对象需求的全流程实现为目的。二是通过资源整合，实现工作协同，变多头管理为综合服务。政府网格化管理以服务对象不同生命周期的需求为导向，梳理任务事项，优化业务流程（建立无缝流程），整合资源，加强协同，贯彻"条块结合、以块为主"的管理方式，实现综合服务，满足客户需求，提升管理效率。

第三，通过实证案例研究，提出了以政府网格化管理为架构，实现中国政府治理的思路。首先，统一的信息网络平台是服务型政府建设的技术基础。政府若想提供符合辖区实际的社会管理和公共服务，没有一个统一的关于辖区经济社会发展全方位状况的来自一线的信息数据库，其工作的快捷高效无疑将缺乏现实基础。其次，明确的人格化机制是责任政府建设的追责依据。实行"网格化管理"，通过科学合理划分工作网格，将责任落实到具体的网格员身上，可以有效地避免基层组织时常出现的责任推诿现象。最后，管理的信息一体化是节约型政府建设的有效途径。政务信息系统通过信息的统一采集、共同分享，集成了信息资源，实现了条块统筹、协同联动。它不仅将各条块部门的所有应用系统都纳入系统的集成门户之中，而且能够以相当低廉的成本快速开发新的应用系统，将基层政府用于信息系统开发的资金费用和时间成本尽可能地压缩。

第四，政府网格化管理中的信息资源集成实现路径可分为数据级集成、应用级集成、业务流程级集成三个层次。这三个层次的集成是在同一系统依次进行的，先有数据级集成，再有应用级集成，最后才有业务流程级集成。对于网格中的信息资源集成来说，三种集成是紧密联系、互相依存、缺一不可的。任何一种集成都以前一个层次的集成为前提，是先一个集成的继续与深化，从这个意义上来说，任何一种集成都不可能独自承担信息资源集成的大任。

政府信息系统经过数据级、应用级和业务流程级集成，以数据中心为核心资源库，以业务系统和统一应用软件为载体支撑，以互联网应用为技术手段，以信息化公共服务为设计目标，从而为政府网格化管理的功能实现奠定了基础，确保了政府宏观管理、市场监管、公共服务与社会管理这四大任务的全面完成。

对于政府网格化管理这一新兴管理模式，本书的研究尚处于探索阶段。而政府信息资源集成如何贯穿于整个政府网格化管理流程，则只有个别文章简单涉及，尚未构建出成熟的理论和方案。这既是机遇，又是挑战。从机遇上看，这使本书的写作，少了些传统思路的限制和束缚。对于一块有待开垦的"处女地"来说，只要耕耘，必有收获。这可能是本书中能提出一些新的思路，并能发掘出一些旁人未道的观点的原因。从挑战上看，由于缺乏可资凭借的借鉴与启示，书中的基本思路与整体架构只能靠自己的摸索。加之受到学识水平的限制，难免出现诸多不成熟之处。同时，由于受到客观条件的局限，本书选取的案例比较单一，相关的实践经验数据也不够充分，使得研究结果运用的广泛性有待检验。

由此可见，本项研究仍大有余地。基于这一认识，笔者将在下一步研究中，完善已有的研究框架，在网格化管理与信息资源集成的逻辑关系上作进一步梳理；在信息资源的实现路径上作进一步开掘；在信息资源集成的技术模型上作进一步完善，以弥补现有研究的缺憾。

参考文献

［1］许曼：《机遇与挑战——访中关村科技软件公司总裁朱希铎先生》，《中国招标》2004 年第 15 期。

［2］侯淑英、包瑞刚：《基于 WEB 方式的电子政务初探》，《渤海大学学报》（自然科学版）2004 年第 1 期。

［3］黄以宽：《政府门户网站建设的"主动脉"——信息资源整合》，《信息化建设》2004 年第 11 期。

［4］肖桂荣、王钦敏、涂平等：《福建省政务信息资源标准规范改造与集成》，《地球信息科学》2004 年第 4 期。

［5］张道顺、白庆华：《公共信息整合策略研究综述》，《计算机科学》2004 年第 8 期。

［6］张繁、蔡家楣：《应用于电子政务的新型知识管理中间平台》，《计算机工程》2003 年第 9 期。

［7］张峰昌、李光亚：《元数据在网上政府中的应用》，《计算机工程》2003 年第 21 期。

［8］王何、白庆华：《试论政府管理信息集成》，《科学学与科学技术管理》2003 年第 2 期。

［9］张秀冰：《试论电子政务的发展阶段》，《中共太原市委党校学报》2003 年第 5 期。

［10］沈佳华：《电子政务与政府管理创新》，《当代经济》2003 年第 10 期。

［11］宋振英：《创新应用技术服务电子政务——方正集团电子政务解决方案与应用集成平台》，《数码世界》2003 年第 5 期。

［12］张勇、陈新玉、卢洪虎等：《政务信息资源集成技术研究》，《信息工程大学学报》2004 年第 1 期。

［13］于淼、王延章：《基于实体—关系—问题建模体系的政务资源整合研究》，《系统工程与电子技术》2004 年第 5 期。

［14］唐晓波、杨帆：《面向新服务体系的二次集成式电子政务模型》，《情报杂志》2008 年第 2 期。

［15］周毅：《电子政府信息资源集成管理研究》，《情报理论与实践》2004 年第 3 期。

［16］阎严：《论政府信息资源的集成管理》，《情报杂志》2007 年第 2 期。

［17］常明：《电子政务系统的信息集成研究》，《中国管理信息化》2008 年第 3 期。

［18］柳巧玲、卞艺杰、唐明伟：《基于网格的电子政务集成应用研究》，《科技管理研究》2008 年第 1 期。

［19］刘明良、涂航：《基于应用集成的电子政务目录服务研究》，《网络安全技术与应用》2007 年第 5 期。

［20］常炳国：《基于软件体系结构的电子政务系统的研究》，《计算机系统应用》2007 年第 5 期。

［21］寿志勤、陈文：《基于元数据和目录服务的政府信息资源集成管理框架研究》，《电子政务》2007 年第 7 期。

［22］罗名海：《电子政务地理信息平台的建设与发展研究》，《地理空间信息》2007 年第 4 期。

［23］陶飞飞、卞艺杰：《面向服务的电子政务发展策略》，《科技情报开发与经济》2006 年第 2 期。

［24］方志江：《ESB 整合政务信息资源》，《软件世界》2006 年第 8 期。

［25］李卫江、丁鹏飞、张超：《区县电子政务信息资源网络集成研究》，《测绘科学》2006 年第 4 期。

［26］郑胜林：《电子政务的互联互通需求分析》，《软件世界》2006 年第 16 期。

［27］齐爽：《领跑数字城市同方志在必得——访同方股份有限公司 CTO 周洪波》，《智能建筑与政府信息》2006 年第 9 期。

［28］何振、唐荣林、张玉亮：《电子政务公共服务功能的定位与实现》，《电子政务》2006 年第 9 期。

［29］王静、孙宏伟：《在政务信息化中构建 XML 与关系数据库双重数据管理机制》，《电子政务》2006 年第 9 期。

［30］钱莉萍：《谈政务信息共享平台及其资源改造》，《科技信息（科学教研）》2006 年第 S3 期。

［31］李漫波：《协同：电子政务的未来》，《软件世界》2005 年第 1 期。

［32］刘淳：《电子政务信息资源库建设研究》，《微计算机信息》2005 年第 23 期。

［33］高洁、辛文卿：《政务信息资源共享平台的构建》，《情报杂志》2005 年第 12 期。

［34］赵莹：《电子政务公共资源管理平台的建设》，《网络安全技术与应用》2004 年第 3 期。

［35］乐凡：《从呼叫中心走近徐汇信息化》，《计算机周刊》2002 年第 12 期。

［36］顾炳中：《对政务信息系统建设中几个问题的认识》，《资源·产业》2002 年第 2 期。

［37］董亮：《政府网站群整合的困难与解决》，《现代商贸工业》2008 年第 1 期。

［38］王雪华、刘绵俊：《基于 Web Services 构建电子政务信息资源目录服务模型》，《价值工程》2008 年第 1 期。

［39］吴克忠：《政府信息资源整合》，《办公自动化》2008 年第 4 期。

［40］张宗府：《市县电子政务信息资源库功能实现分析》，《硅谷》2008 年第 1 期。

［41］曹飒：《信息整合是地震政务网站建设的基础和关键——中国地震局门户网站建设的几点思考》，《国际地震动态》2008 年第 1 期。

［42］方志：《中外电子政务门户的知识组织和整合方法研究》，《科技情报开发与经济》2008 年第 3 期。

［43］高新民：《我国电子政务建设取得 5 大成就》，《每周电脑报》2008 年第 2 期。

［44］邹永利、王春强：《解析我国电子政务中的"信息孤岛"现象》，《农业图书情报学刊》2008 年第 3 期。

［45］黄雅梅：《政务信息资源整合任重道远》，《信息系统工程》2008 年第 3 期。

［46］幸莉仙、王华英：《政府信息化进程中的信息资源整合研究》，《职业时空》2008 年第 1 期。

［47］黄永庆：《政府门户网站信息资源整合与管理探析》，《电子政务》2008 年第 Z1 期。

［48］李貌：《关于我国政府网站建设存在的问题及对策研究》，《电子政务》2008 年第 Z1 期。

［49］李兴荣：《加大电子政务整合力度　努力构建服务型政府》，《电子政务》2008 年第 Z1 期。

［50］颜立恒：《探索政务信息资源开发利用新途径》，《信息系统工程》2008 年第 5 期。

［51］林冬梅：《整合信息资源推动电子政务——浅谈厦门市信息资源开发利用情况》，《厦门科技》2008 年第 2 期。

［52］苗地、商晓帆：《对电子政务信息资源整合的理性认知》，《现代情报》2008 年第 4 期。

［53］曾有能、陈东宝：《电子政务环境下的档案信息资源管理》，《机电兵船档案》2008 年第 2 期。

［54］马海军：《衡水市电子政务建设案例考察》，《当代经济（下半月）》2008 年第 2 期。

［55］刘志光、戴黍：《我国电子政务信息资源整合：现状、问题与对策》，《广东社会科学》2008 年第 3 期。

［56］刘甲学：《基于 Web Service 的政府信息资源共享平台研究》，《档案学通讯》2008 年第 3 期。

［57］商晓帆：《电子政务信息资源整合与信息孤岛》，《现代情报》2008 年第 6 期。

［58］刘彦凯：《提升政务信息资源开发与利用的对策（下）》，《信息化建设》2008 年第 6 期。

［59］王新才、谭必勇：《电子政府建设中的政府信息公开问题研究》，《档案管理》2007 年第 1 期。

［60］王玉珍：《甘肃省政府信息化建设的相关问题研究》，《农业网络信息》2007 年第 1 期。

［61］张晓楠：《信息共享大势不可改变》，《每周电脑报》2007 年第 3 期。

［62］方红梅、石微：《哈尔滨市环境信息化问题及对策研究》，《黑龙江科技信息》2007 年第 1 期。

［63］孙婧：《加强资源整合　促进应用服务——访交通部科技教育司副司长张延华》，《中国交通信息产业》2007 年第 3 期。

［64］贺军：《电子政务信息资源整合的障碍分析》，《现代情报》2007 年第 2 期。

［65］雷战波、周博宁：《区县政府电子政务系统存在的问题及改进对策——以西安市某区为例》，《政府问题》2007 年第 3 期。

［66］李志更、乔立娜：《政府首席信息官制度的概念理解》，《电子政务》2007 年第 4 期。

［67］宋晓、徐运涛：《关于解决电子政务条块分割问题的几点设想》，《科技创业月刊》2007 年第 4 期。

［68］吴占坤、安佳慧：《浅谈我国电子政务中的信息资源整合》，《黑河学刊》2007 年第 3 期。

［69］孙敬武：《基于 InforEAI 的劳动保障信息整合方案研究》，《河北省科学院学报》2007 年第 1 期。

［70］许朵：《电子政务建设与档案信息资源整合》，《山东档案》2007 年第 3 期。

［71］毕春华：《教育电子政务建设中的高校档案信息资源整合与利用》，《档案学研究》2007 年第 3 期。

［72］李荣华、柳思维：《借力信息化，实现城乡和谐发展》，《中国电信业》2007 年第 7 期。

［73］丁德臣、何建敏、李珊：《基于协同商务的政务信息资源管理研究》，《情报科学》2007 年第 8 期。

［74］孙永刚、王晓晖：《在海事电子政务中实现信息整合的意义》，《中国海事》2007 年第 8 期。

［75］董藏收、吴勇军：《"数字化东营"政务资源整合与管理系统研究与实现》，《信息技术与信息化》2007 年第 4 期。

［76］万超、潘安君：《信息资源管理——信息化建设的新阶段》，《北京水务》2007 年第 4 期。

［77］张祖培：《试论电子政务"顶层设计"的重要性》，《科技咨询导报》2007 年第 27 期。

［78］姜晶波：《电子政务资源整合与"一网式"应用》，《理论观察》2007 年第 4 期。

［79］李海军、高爱乃：《数字地球架构中的电子政务》，《电子政务》2007 年第 10 期。

［80］程建华、栾婕、陈玉龙：《政务信息资源交换体系建设的工程化方案》，《电子政务》2007 年第 10 期。

［81］张建国：《电子政务建设中的政府信息资源整合》，《中国信息界》2007 年第 20 期。

［82］潘榕：《福建省政务信息资源开发利用经验初探》，《电子政务》2007 年第 11 期。

［83］孙志永：《做好资源整合迎奥运》，《信息系统工程》2006 年第 2 期。

［84］姚国章：《"十一五"江苏信息资源整合对策》，《中国信息界》2006 年第 1 期。

［85］陶明华、王华、刘秋生：《电子政务建设中信息资源整合策略的研究》，《商场现代化》2006 年第 9 期。

［86］王德欣：《电子政务环境下信息资源的整合与共享》，《临沂师范学院学报》2006 年第 1 期。

［87］郭霞、赵政：《电子政务中的信息资源整合》，《内蒙古电大学刊》2006 年第 5 期。

［88］康虹、王敏：《从知识管理视觉整合政府网络信息资源的模型》，《情报杂志》2006 年第 5 期。

［89］张勇进：《电子政务别建"网络烟囱"》，《信息系统工程》2006 年第 6 期。

［90］陈睿：《电子政务资源整合的实践与探索》，《信息化建设》2006 年第 5 期。

［91］侯艳筠：《电子政务信息资源整合的概念与内容》，《湖北档案》2006 年第 6 期。

［92］刘翠玉、马志勇：《税务电子政务面临的问题和解决方案探讨》，《福建电脑》2006 年第 7 期。

［93］王德欣：《论电子政务信息资源整合与共享》，《科技管理研究》2006 年第 6 期。

［94］牛合庆：《"共享交换平台"唱主角》，《软件世界》2006 年第 16 期。

［95］刘泉宝：《政务信息资源的整合——"我与政务信息化建设共舞"（六）》，《信息化建设》2006 年第 7 期。

［96］徐瑞鸿：《档案信息资源整合研究》，《兰台世界》2006 年第 17 期。

［97］张园园、夏斌、赵宝林：《政务资源库和信息交换与共享平台建设研究》，《情报杂志》2006 年第 11 期。

［98］江健华：《整合资源拓展平台　推动电子政务发展》，《电子政务》2006 年第 12 期。

［99］周九常、高洁：《基于知识管理的电子政务信息资源整合》，《情报科学》2006 年第 11 期。

［100］孙敬武、韩立法、范秀平：《整合信息资源推进信息化建设——河北省劳动和社会保障信息整合的探索与实践》，《河北青年管理干部学院学报》2006 年第 4 期。

［101］阎英科：《试论"地方电子政务建设"的新趋势》，《计算机与网络》2006 年第 22 期。

［102］洪浚：《层层推进带动资源整合——2005 年产业与技术发展趋势预测》，《中国计算机用户》2005 年第 1 期。

［103］蒋冠、何振：《电子政务环境下档案资源整合与共享之瓶颈分析》，《北京档案》2005 年第 3 期。

［104］何振、蒋冠：《国家档案资源整合与共享工程建设构想》，《档案学研究》2005 年第 4 期。

［105］海淀"信息资源服务平台"：《"信息孤岛"的终结者》，《计算机与网络》2005 年第 Z1 期。

［106］张李义、赵雪芹：《浅谈政府网站的信息资源整合》，《情报探索》2005 年第 5 期。

［107］黄澜：《关于加强济南市政府信息资源管理的若干思考》，《信息技术与信息化》2005 年第 4 期。

［108］朱晓峰：《政府信息流研究及模型构建》，《中国图书馆学报》

2005 年第 3 期。

［109］钱卫列：《扮演好电子政务的 BPI 角色》，《电子商务》2005 年第 7 期。

［110］黄萃：《中国电子政务信息资源开发的制度障碍分析》，《电子政务》2005 年第 13 期。

［111］李志茵：《信息资源整合：刻不容缓》，《中国教育网络》2005 年第 11 期。

［112］盖玲：《基于电子政务的信息资源整合》，《现代情报》2005 年第 12 期。

［113］高复先：《信息资源整合技术报告（1）》，《中国信息界》2005 年第 20 期。

［114］李清：《卢湾区推进环境管理网络化、网格化和信息化企业重建与技术创新》，《科技潮》2006 年第 8 期。

［115］钱学森、于景元、戴汝为：《一个科学新领域——开放的复杂巨系统及其方法论》，《自然杂志》1990 年第 13 卷第 1 期。

［116］海峰、李必强、冯艳飞：《集成论的基本范畴》，《中国软科学》2001 年第 1 期。

［117］李天和、D. Walden：《设计集成管理系统》，《工业工程与管理》2000 年第 3 期。

［118］华宏鸣：《"现代化"集成》，《中国软科学》1997 年第 9 期。

［119］李宝山、刘志伟：《集成管理：21 世纪的企业制胜之道》，《企业活力》1997 年第 9 期。

［120］龚建桥、朱睿：《科技企业集成管理研究论纲》，《科研管理》1996 年第 3 期。

［121］傅家骥：《企业重建与技术创新》，《科技潮》1998 年第 8 期。

［122］李必强等：《管理集成探讨》，《中国管理科学》1999 年。

［123］海峰、李必强、向佐春：《管理集成论》，《中国软科学》1999 年第 3 期。

［124］李必强：《现代制造系统与管理集成》，《科技进步与对策》1999 年（专刊）。

［125］岳剑波：《论信息管理学的进化》，《中国图书馆学报》1998 年第 3 期。

［126］王延飞、张颖：《更新观念，重构管理——对信息管理发展的思考》，《情报学报》2001 年第 20 卷第 4 期。

［127］霍忠文：《信息集成服务管理论要》，《情报理论与实践》2000 年第 1 期。

［128］石双元、张金隆、蔡淑琴：《企业信息资源集成管理的若干问题》，《计算机工程与应用》2001 年第 3 期。

［129］董福壮、罗伟其：《信息集成技术及其发展（综述)》，《暨南大学学报》（自然科学与医学版）2001 年第 22 卷第 5 期。

［130］耿建光等：《企业信息集成系统中的过程管理》，《计算机集成制造系统》2001 年第 7 卷第 12 期。

［131］何全胜等：《信息集成若干方法的比较》，《暨南大学学报》（自然科学与医学版）2001 年第 22 卷第 3 期。

［132］刘宝坤、申亚芳、李阳：《基于 Intranet 平台的企业内部信息集成方法的研究》，《工业仪表与自动化装置》2001 年第 2 期。

［133］王佩：《电子政务信息资源的建设——电子政务中信息整合研究初探》，《散装水泥》2003 年第 6 期。

［134］聂志强、李信利：《基于本体的电子政务信息集成研究》，《微计算机信息》2007 年第 6 期。

［135］曾文、张德津：《基于 GIS 的市政管理信息集成方案及关键技术》，《地球科学（中国地质大学学报)》2006 年第 31 卷第 5 期。

［136］胡冰：《基于 J2EE 的市政管理信息集成研究》，《现代商贸工业》2008 年第 20 卷第 1 期。

［137］任皓、邓三鸿：《知识管理的重要步骤——知识整合》，《情报科学》2002 年第 6 期。

［138］金明华：《集成服务——网络时代图书馆信息服务的新趋势》，《情报学报》2002 年第 1 期。

［139］张学民、顾培亮、郝彦辉：《集成化管理信息系统的信息回溯方法研究》，《河北工业大学学报》2001 年第 2 期。

［140］罗伯特·达尔：《公共行政学的三个问题》，《公共行政评论》1947 年第 1 期。

［141］方盛举：《政府创新的基本策略》，《云南师范大学学报》（哲学社会科学版）2005 年第 37 卷第 2 期。

［142］颜丙通：《业务流程集成规划》，《现代企业教育》2009 年第5 期。

［143］［美］塞缪尔・亨廷顿：《变化社会中的政治秩序》，生活・读书・新知三联书店 1989 年版。

［144］［以］艾森斯塔德：《现代化——抗拒与变迁》，中国人民大学出版社 1988 年版。

［145］孙柏瑛：《当代地方治理——面向 21 世纪的挑战》，中国人民大学出版社 2004 年版。

［146］［美］珍妮特・V. 登哈特、罗伯特・B. 登哈特：《新公共服务：服务，而不是掌舵》，丁煌译，中国人民大学出版社 2004 年版。

［147］刘靖华等：《政府创新》，中国社会科学出版社 2002 年版。

［148］罗文阁：《信息化建设助力监管创新提高市场监管水平》，中国人民大学出版社 2006 年版。

［149］杨桦：《上海劳动保障监察网格化管理初显长效优势复杂性科学探索》，民主与建设出版社 2006 年版。

［150］苗东升：《系统科学精要》，中国人民大学出版社 1998 年版。

［151］谢阳群：《信息资源管理》，安徽大学出版社 1999 年版。

［152］刘丽文：《生产与运作管理》，清华大学出版社 1998 年版。

［153］白井均等：《电子政府》，上海人民出版社 2004 年版。

［154］成思危：《复杂科学与管理，复杂性科学探索》，民主与建设出版社 1998 年版。

［155］张宣三、俞恒：《资本主义经济管理理论的发展》，中国社会科学出版社 1982 年版。

［156］阎严：《政府信息资源集成共享中的利益驱动效应研究》，硕士学位论文，电子科技大学，2007 年。

［157］曹高辉：《电子政务信息集成研究》，硕士学位论文，华中师范大学，2005 年。

［158］方广铨：《政务信息集成系统和数据交换系统的设计和实现》，硕士学位论文，吉林大学，2006 年。

［159］聂志强：《电子政务信息集成中本体的自动生成技术》，硕士学位论文，山东大学，2006 年。

［160］李松锦：《论转型期政府社会治理能力建设》，硕士学位论文，

福建师范大学，2008 年。

　　［161］颜丙通：《“金保”工程建设中的政府信息资源规划研究》，硕士学位论文，苏州大学，2007 年。

　　［162］崔凤生：《信息资源整合在政府决策中的作用分析》，硕士学位论文，吉林大学，2007 年。

　　［163］王宁：《电子政务中信息资源整合的建模方法与应用研究》，博士学位论文，大连理工大学，2005 年。

　　［164］黄萃：《基于门户网站的电子政务信息资源整合机制研究》，博士学位论文，武汉大学，2005 年。

　　［165］陈勇跃：《电子政务信息资源整合研究》，硕士学位论文，武汉大学，2005 年。

　　［166］王守选：《基于 SOA 的政务信息资源交换平台的设计与实现》，硕士学位论文，湖南大学，2007 年。

　　［167］吴志平：《基于 XML 的异构数据库信息共享研究》，硕士学位论文，郑州大学，2003 年。

　　［168］王伟：《电子政务架构的设计与实现》，硕士学位论文，西北工业大学，2004 年。

　　［169］李建中：《数据网格管理概述》（http：//www. chinagrid. net/grid/paperppt/OverviewDG. pdf）。

　　［170］董晓宇：《公共管理的发展方向——公共事务治理的合作主义模式》（http：//www. chinaelections. org/NewsInfo. asp？ NewsID = 60248）。

　　［171］魏道培：《全球电子政务 5 强国：各领风骚见高低》（http：//www. xdtrans. 2008 red. com/xdtrans/article＿ 603＿ 4801＿ 1. shtm）。

　　［172］F. W. Horton, *Information Resources Management*：*Concept and Cases*, Cleveland：Association for Systems Management, 1979.

　　［173］N. Smith, D. B. Medley, *Information Resource Management*, Cincinnati：Southwestern Publishing, 1987.

　　［174］K. A. Stroetmann, *Information Management for Information Service Economic Challenge for the 90's*, Berlin：Bibliotheks institut, 1992.

　　［175］J. R. Beaumont, E. Sutherland, *Information Resources Management*, Oxford：Butterworth – Heinemann, Ltd. , 1992.

　　［176］C. Wood, "The IRM perspective", *Computerworld*, Vol. 17,

No. 17, 1983.

[177] D. A. Marchand, J. C. Kresslein, "Information resources manage-ment and the public administrator," J. Rabin, E. M. Jackowski Eds, *Hand-book of Information Resources Management*, New York: Marcel Dekker, 1988.

[178] Herman P. Hoplin, "Information technologies for the 1990's and beyond: people oriented research methods are changing information systems re-search", Proceedings of the ACM SIGCPR conference on Computer personnel research, Cincinnati, Ohio, United States, 1992, pp. 204 – 209.

[179] John L. Ward, Pat Griffiths, *Strategic Planning for Information Systems*, San Francisco: John Wiley & Sons, 1996.

[180] Reima Suomi, "Eight Paradigms of Information Resource Manage-ment", Arto Suominen Eds, *Johtaminen Murroksessa – Management in Transi-tion*, Turku: Turku School of Economics and Business Administration, 1996, B – 1.

[181] J. C. Henderson, N. Venkatraman, "Strategic alignment: levera-ging information technology for transforming organizations", *IBM Systems Jour-nal*, Vol. 32, No. 1, 1993.

[182] V. Sambamurthy, L. J. Kirsch, "An integrative framework of the information systems development process", *Decision Science*, Vol. 31, No. 2, 2000.

[183] George S. Nezlek, Hemant K. Jain, Derek L. Nazareth, "An inte-grated approach to enterprise computing architectures", *Communication of the ACM*, Vol. 42, No. 11, 1997.

[184] V. Singh, "Systems integration – coping with legacy systems", *In-tegrated Manufacturing Systems*, Vol. 8, No. 1, 1997.

[185] H. Bidgoli, "Integration of technologies: An ultimate decision making aid", *Industrial Management & Data Systems*, Vol. 93, No. 1, 1993.

[186] Mark Stirling, David Petty, Leigh Travis, "A methodology for developing integrated information systems based on ERP package", *Business Process Management Journal*, Vol. 8, No. 5, 2002.

[187] Anil Kumar, Prashant Palvia, "Key data management issues in a global executive information system", *Industrial Management & Data Systems*,

Vol. 101, No. 4, 2001.

[188] A. Marwadi, *Ontological Semantic Integration Model*, University of Missouri – Kansas city, 2002.

[189] Industry Advisory Council, "Interoperability strategy: concepts, challenges and recommendations", http://xml. coverpages. org/IAC – Interop. pdf.

[190] "e – Government Interoperability Framework Version 6. 1", http://www. govtalk. gov. uk/documents/eGIF%20v6_1 (1). pdf.

[191] Wing Lam, "Barriers to e – government integration", *Journal of Enterprise Information Management*, Vol. 18, No. 15, 2005.

[192] Badii, A. M. Sharif, "Integrating information and knowledge for enterprise innovation", *Logistics Information Management*, Vol. 16, No. 2, 2003.

[193] S. Clarke, T. Elliman, B. Lehaney, "Re-engineering an information system: a case study in risk reduction", *International Journal of Flexible Manufacturing Systems*, Vol. 12, No. 4, 2000.

[194] T. Davenport, "Putting the enterprise into the enterprise system", *Harvard Business Review*, No. 7 – 8, 1998.

[195] T. Klasell, S. Dudgeon, *Enterprise Application Integration*, New York: Dain Rauscher Wessels, 1998.

[196] D. Linthicum, *Enterprise Application Integration*, Boston: Addison – Wesley, 1999.

[197] E. G. R. Gerelle, J. Stark, *Integrated Manufacturing, Strategy, Planning and Implementation*, New York: McGraw – Hill, 1998.

[198] S. K. Das, "A scheme for classifying integration types in CIM", *International Journal of Computer Integrated Manufacturing*, Vol. 5, No. 1, 1992.

[199] J. Grimson, W. Grimson, W. Hasselbring, "The system integration challenge in healthcare", *Communications of the ACM*, Vol. 45, No. 6, 2000.

[200] W. Hasselbring, "Information system integration", *Communications of the ACM*, Vol. 43, No. 6, 2000.

［201］A. M. Sharif， "The logistics of information management （invited viewpoint）"，*Logistics Information Management*，Vol. 15，No. 2，2002.

［202］D. Sprott， "Componentising the enterprise application packages"，*Communications of the ACM*，Vol. 43，No. 4，2000.

［203］J. Yang，M. Papzoglou， "Interoperation support for electronic business"，*Communication of the ACM*，Vol. 42，No. 6，2000.

［204］Robert A. Burgelman，Yves L. Doz， "The Power of Strategic Integration"，*MIT Sloan Management Review*，Vol. 42，No. 3，2001.

［205］Richard I. Nolan， "Managing the crisis in data processing"，*Harvard Business Review*，Vol. 57，No. 2，1979.

［206］W. E. Moen， "Introduction to GILS"，The third annual GILS conf，2001.

［207］Martin Eifert，*National Electronic Government – Comparing governance structures in multi – layer administrations*，Routledge，2004.

［208］K. V. Echt， "Designing web – based health information for older adults：Visual considerations and design directives"，R. W. Morrell，2002.

［209］Barry N. Hague，*Digital Democracy：Discourse and Decision Making in the Information Age*，London and New York：Routledge，2002.

［210］I Foster，C. Kesselman， "The globus project：a status report"，1998.

［211］I Foster，C. Kesselman，J. Nick，et al.，The physiology of the grid：an open grid services architecture for distributed systems integration，2002.

［212］Ian Foster， "What is the Grid? A Three Point Checklist"，2002. 7. 22.

后　记

　　本书是在我的博士论文的基础上完成的。2010 年我完成了博士论文的答辩，虽获得通过但感到论文实在青涩，颇为汗颜，难以示人，故而将其藏于书屉。当我走上教师岗位后，在与我的学生共同学习与探讨中，逼着自己不得不对本专业前贤与同行的著作下十二分功夫，作深入的开掘，这才有了些许领悟，并在此基础上对本书涉及的问题有了更深的体味。古人云"教学相长"，这确实是精石之论。正是在教学讨论的过程中，我的学生为我提供了颇多新的思路与观点，使我有所顿悟，也给了我继续将此问题作深入研究的勇气。更重要的是，我的博士论文虽然孤陋粗浅，却意味着我对本专业思考和研究的起点。

　　随着云计算、大数据在电子政务中的广泛运用及迅猛发展，本书中的某些观点已显得颇为陈旧了，但我不愿做事后诸葛亮，迎合新潮而大动斧凿，我需要客观真实地保留过去。

　　当然，写作总是一项充满缺憾之事，书稿杀青，发现与原来的写作预想相去甚远，本以为已研究透彻的问题，笔下的表达却难以令人信服……这说明，我的研究还有待深入，也只有待再版时（如果有再版的话）弥补了。

　　本书在写作中，对参考、借鉴国内外专家、学者的文章与著作，尽力以脚注的形式列出，但仍难免有挂一漏万之处。对此，祈请谅解并对所有被参考与引用文献资料的作者和译者致以谢意。

　　最后，我要感谢我的妻子阎霏女士，她不仅参与了本书的策划，而且提出了颇多有见地的建议。若没有她的支持与帮助，本书是难以面世的。

李世颉

2016 年 6 月 14 日